Independent Financial Adviser Mission

IFA MISSION

証券営業プロフェッショナル

会社のためのセールスから、お客様のためのサービスへ

金融証券問題研究会［著］

ダイヤモンド社

証券営業プロフェッショナル——会社のためのセールスから、お客様のためのサービスへ

証券営業プロフェッショナル——会社のためのセールスから、お客様のためのサービスへ［**目次**］

第５章

地方で愛される地域密着型ＩＦＡ

ＩＦＡのトップランナーに聞く、仕事のスタイル・お客様とのコミュニケーション

湯浅真人氏（愛媛県今治市）と森本佳奈子氏（徳島県徳島市）の場合

第8章
成熟世代の女性の不安に寄り添う

ＩＦＡのトップランナーに聞く、仕事のスタイル・お客様とのコミュニケーション

山田勝己氏の場合

第1章

5年連続社長賞のトップ営業は、なぜ大手証券を辞めたのか？

——証券営業マンが本当の使命に気づくまで
福田猛氏の場合

大手証券トップ営業の決意

「退職するって、福田が？　嘘だろう」

噂を耳にした社員は誰もが言葉を失った。

支店のホープ、福田猛氏。２００３年に新卒で大手証券会社に入社した。10年目を迎えた、営業マンとしてはまさに脂ののったミドル社員である。支店の中でも飛び抜けて成績がよく、社長賞を連続で受賞するほどの実力の持ち主だった。

早くも入社２年目にしてめきめき頭角を現し、人事部付きで新入社員研修の専任インストラクターを務めた経験もある。

同志社大学卒業。京都なまりの残るイントネーションが穏やかな印象を与えるが、何かの拍子に熱くなると急にマシンガントークを展開する。ほとぼりが冷めると照れ隠しのようにおどけてみせ、またもとのゆったりした口調に戻る。

どこか気骨の感じられる情熱的な先輩を、指導を受けた新入社員たちは誰もが尊敬し慕っていた。一方、会社にとっては次世代幹部候補のひとりに数えられていたことだろう。そんな彼が会社を辞めようと言い出したのだから、周囲が驚くのも無理はなかった。

「どういうことなんだ、福田」

辞表を手渡され、あっけにとられている上司の目を、福田氏はまっすぐに見つめた。

「独立しようと思うんです」

「独立？　何をやるんだ。まさかラーメン屋でも始めようというわけじゃないだろう」

「金融商品仲介業です」

「金融商品仲介業だって？　聞いたこともないぞ、そんな職業」

上司はますます混乱した様子だった。

「独立系の証券営業マンです。今、アメリカではどんどん増えているんです」

「独立系の営業マンだって。大手証券会社にいるおまえが、なぜわざわざ独立なんかするんだ」

あっけにとられたのは上司だけではない。社内の誰もが福田氏の真意が理解できず、噂だけが広まった。

「福田さんが独立するらしい」「金融商品仲介業をやるんだそうだ」「ＩＦＡとか言っていたな。いったい何をやるつもりなんだ？」

ＩＦＡ――インディペンデント・ファイナンシャル・アドバイザーの略語で、どこの金融機関にも属さず、中立的な立場からお客様に資産運用のアドバイスを行う金融のプロフェッショナルを指す。日本ではまだあまり認知されていないが、アメリカの証券業界では、証券会社の営業マンに匹敵するほどの数に及んでいる。

いったいなぜ、大手証券会社の看板を捨て、独立の道を選ぶ営業マンが増えているのか。

福田氏の場合はどうだったのか。

もともと起業の志を抱きつつ学生時代を過ごした。野球サークル時代は、チームの先頭に立ち、全国大会をめざしたこともある。社会に出たら、どんな分野で〝全国大会〟をめざせばいいのか。具体的なプランはなかった。やりたいこともとくにあるわけではない。だが、就職して一生懸命に働けば、世間のこともビジネスのことも学べる。その時点では福田氏もはちきれそうな野心を持て余す、ひとりの青二才に過ぎなかった。

チャレンジ精神と突破力だけは人一倍あった。志望した商社の筆記試験に落ちそうになり「紙切れ一枚で僕を判断しないでください」という手紙を人事担当者に送りつけたこともある。

「結局、その商社には面接で落ちてしまったのですが、その後、まだ募集の空きがあった証券会社に応募、トントン拍子に内定が決まったのです。証券営業の厳しさなど、そのときはまだ知る由もなかったのですが」

リテール営業部門に配属されたものの1年目の営業成績は最悪だった。右も左もわからない新人がいきなり飛び込み営業をさせられるのだから当然だ。最初に配属された銀座支店は、とくに新規開拓の目標がきつかった。

証券会社の新卒、若手社員の仕事はハードで、職場はまるで戦場のようだ。会社から指示された商品を目標通り売り切らなければ上司に怒られる。しかし、受話器を持つ腕が痺れるほどテレコールし続けても、訪問の約束などなかなか取り付けられるものではない。話の途中でガチャン、と電話を切られるのが関の山だ。やっと訪問し、商品説明するものの、そう簡単に買ってはもらえない。せいぜい口座を開いてもらえればいいほうだった。福田氏もはかばかしい数字を上げられず、営業報告会議ではひたすらうつむいているしかなかった。

支店の落ちこぼれが変わった!

プレッシャーと緊張で押し潰されそうな毎日だったが、ひょんなことから状況ががらりと変わった。

大手化粧品メーカーの社債を販売することになったのだ。毎月出てくるお決まりの新商品のひとつだったが、けっして売りやすい商品ではなかった。スペックを見てげんなりし、思わず頭をかかえたくらいだ。何しろ利回りはたった0・4%。営業担当にしてみれば頭を抱えるしろものである。

「こんな商品、誰が買うんや」

思わず口に出してつぶやきそうになった途端、はたと思い当たった。

「そうか、誰がこの商品を買うのか、それを考えればええんや」

彼の頭はめまぐるしく回転し始めた。どんなお客様がこの社債に興味を持つのか。それは0・4%という数字ではなく、化粧品メーカーの社名に愛着を持つお客様に違いない。誰もがその名を知っている大手企業だが、仕事上つながりの深い人もいるだろう。なおかつ、リテール営業の対象となりうる個人事業主といったら——。

「調剤薬局や」

調剤薬局は個人経営の所も多く、化粧品も取り扱っている。さっそく調剤薬局のリストを取り寄せ、営業攻勢をかけ始めた。

「不思議なもので、そうやって売り込みをかければかけるほど、だんだん商品への思い入れが強くなってくるんです。最初は『利回り0・4%』という無機質な数字しか見えていなかったのが、商品のストーリーをつくることによって魅力的に見えてくる。いわば自分で自分を洗脳するわけですが、乗ってくるとその分お客様にも伝わるんです」

このときをきっかけに、営業成績は上がり始めた。中には100万円の取引を皮切りにどんどん入金を増やし、ついには家族ぐるみで福田氏を指名し、取引してくれるようになったお客様もいた。

証券営業で不可欠なのは、商品そのものより、むしろ営業マン自身が持つ人間としての魅力、誠実さといわれる。「いい商品だ」と信じる気持ちが、声に、表情に自信と熱意を持たせ、営業マンを輝かせる。その輝きを手に入れた福田氏がお客様の信頼を獲得できるようになったのは、当然といえば当然だったのかもしれない。

3年目には、ロールモデルといえるような先輩との出会いもあった。もともと同じ寮で暮らしていた先輩だったが、トップセールスの優秀な男で、かねてから尊敬してやまない相手だった。年次からいうとまだ課長になれないクラスだが、人望も厚く、何より志を持っていた。そんな彼を中心に非公式の課をつくろうという話が部内で盛り上がり、とうとう新チームが誕生した。

「同じ寮だからおまえが次席をやれ」先輩の指名で福田氏が選ばれた。

この経験が足がかりになった。

それまでは一営業マンとして、自分の数字を上げることだけに専心していればよかったが、次席になれば嫌でもチーム全体の数字に責任感を持つようになる。すると、自然にメンバーの悩みやモチベーションの状態が手に取るように見えてくる。困っているメンバーがいれば支え、励ますこともあった。ほかの営業マンのスキル、ノウハウを知り、ナレッジを共有することもできた。視野が一段高くなったことで、見える世界がぐっと開けてきたのだ。

2年後、横浜の支店勤務となったが、厳しい職場で鍛えられた彼にとって、もはや営業は苦ではなくなっていた。収益部門賞、投資信託純増賞、債券純増賞——一度に複数の社長賞を受賞することもあった。

まさに順風満帆だった。このまま仕事を続けていれば、それなりの営業成績は維持できるだろう。新入社員研修の専任インストラクターを任せられるなど、会社からも評価されているようだ。出世街道を歩んでいる、と誰からも思われていたし、自分でもそれを否定しなかった。

だが、いつしか福田氏はそんな会社生活に違和感を覚えるようになったという。

——自分にはもっとほかにできることがあるのではないか。

どんなに知識を蓄え、スキルを磨いたところで、それらをフルに活かしてお客様に貢献できている、という手応えが今ひとつつかめなかった。

もっともっと資産のことについてお客様と語り合えたら……。

自分が亡くなった後、病気がちな妻の身がどうなるか心配されているお客様がいた。なかなか結婚しようとしない一人娘のために、資産を殖やし、遺してやりたいと打ち明けるお客様もいた。これまで出会ったお客様のお顔が次々に浮かんでは消えた。

次第に福田氏は「資産にまつわるお客様の不安を軽くしてさしあげることが、自分の使命なのではないか」と考えるようになった。

このままがむしゃらに働き続ければ昇進できるかもしれない。だが、20年後、部長に昇進していたとして、それが何だというのか。最終的に役員になれば、そのとき自分は幸せなのか。

「一生懸命イメージしようとしました。でも、そんな自分にまったく魅力を感じることはできなかったのです」

証券会社の組織はトップダウンで、完全なヒエラルキー構造だ。トップが定めた経営戦略、目標が各部門に振られ、各部門はその下の部署にそれぞれ達成すべき目標を指示する。トップが決めた目標を達成することが必至となれば、役員はもちろん、営業本部長も、部長も、支店長も、さらに課長も、部下に強く迫ってでも達成するしかない。でなければ自分の立場が危うくなるからだ。

支店長になろうが、部長になろうが、やることは同じなんだ——そんな未来を想像しても、いっこうに胸は躍らなかった。

初めて耳にするIFAという働き方

ＩＦＡのことを知ったのは、マンションを購入したときのことだ。妻と二人暮らしだが、30歳を過ぎ、そろそろ将来を見据えようという気持ちが強まっていた。

住宅ローンの相談をしていたところ、ローン会社から「ファイナンシャルプランナーを紹介しましょうか」と申し出があった。

興味が湧くのを感じた。むこうが金融のプロと名乗るなら、こちらもプロとしてのそれなりの自覚がある。その自分にどんな提案をしてくるのか、いい機会だから聞いておきたいと思った。

意に反して、その提案は思わずうなるような内容だった。

自分ではなかなかいい保険プランを組んでいると思っていた。ところが相手は、それまで見えていなかった落とし穴を見事に指摘し、複数の商品を選び出してベストマッチを考えてくれた。その知識量、スキルの高さは脱帽ものだった。

「普段はどんなふうにお仕事されているんですか」

お茶を飲み干すと、福田氏は事務的な話を打ち切ってこう尋ねた。

すると意外な答えが返ってきた。

「じつはＦＰ（ファイナンシャルプランナー）だけではなく、金融商品の仲介もしているんですよ」

「金融商品の仲介ですって？」

「金融商品仲介業ですよ。ＩＦＡと呼ばれています」

初めて耳にするＩＦＡという言葉に、思わず胸の高鳴りを覚えた。

そんな働き方があったのか。証券を扱えるのは証券会社だけ、と思い込んでいただけに、大きな衝撃だった。

ＦＰが帰った後、おもむろにパソコンを開き、検索してみると、ＩＦＡに関するいくつかの記事がヒットした。

――この仕事で独立し、会社を立ち上げてはどうだろう。

「ちょうどその頃、起業家を目指す人が多く集まる、大前研一氏のアタッカーズスクールに通っていたこともあり、就職前に抱いていた起業熱が再び高まっていました。とはいえ、金融の世界で独立起業する方法などない、と思っていたので、彼女の話はまさに目からうろこだったのです。

この仕組みがあれば、自分でも起業できる。いや、自分だからこそ起業できるはずだ、と感じました。同時にこの方法なら長年、矛盾を感じていた金融業界の歪んだ構造を打ち破れる、と直感したのです」

金融業界の構造の歪みとは何か。

福田氏は早口で語り続ける。

「証券会社は基本的に製販一体型なんです。4000人の営業職、そして6000人の非営業職で成り立っている。しかし、メーカーでもIT企業でもありませんから、製造のための技術や設備は本来不要です。人件費、都心のオフィスの家賃がコストの多くを占めているのです。

いずれもけっして安くありませんから、当然、損益分岐点は高くなる。それだけの利益を営業マンが手数料で稼ぎだすのは簡単ではありません。このコスト構造がある限り、証券会社は厳しいビジネスを続けなければならないんです」

その点、IFAのビジネススキームは製販分離型だ。事務所の家賃もさほどかからない。人件費も抑えられる。証券会社の〝企画開発コスト〟にあたる費用も最小限で済む。IF

Aは業務委託契約を結ぶ証券会社などの商品の中からお客様に合ったものを提案すればいい。

製造コストが発生しないばかりでなく、自社の推奨商品を販売していくという証券会社の営業とは、まったく違う仕事ができる。

必要なのは、幅広い商品知識、提案力、それに経験だ。よりよい提案をするため、つねに勉強もしなければならない。それこそ向上心に燃える福田氏の望むところだった。

「FPの彼女から、こうした働き方はアメリカではすでに普及しているという話を聞いて納得しました。金融の世界ではアメリカで起こったことは20年遅れて日本にやってくると言われます。日本でもIFAが主流になる時代が近々訪れるに違いありません。では、誰がその先駆けになるか？ それは、自分しかいないと思ったんです。たまたまこの業界に入り、先輩たちから仕事を教わり、一生懸命学んできた。その経験を活かすとしたら、この仕事だけだ、と」

俄然、乗り気になった福田氏はFPの担当者に頼み込み、その会社の社長に会わせてもらった。社長は保険と証券が分断され、縦割り構造となっている今の日本の金融業界を憂え、起業してワンストップ型のサービスを展開しているとのことだった。聞けば外資系保険会社のナンバーワン営業で、独立組では第一号という。

「すごい人や、こんな人が金融業界にもおったんや」

何をめざすべきか、何をすればいいのか。学生時代から模索し続けてきた問題が、クリアになった瞬間だった。

辞職届けを提出したのは、それからわずか2カ月後のことだ。

「じつは提出する日の朝、ふと弱気になったんです。考えてみれば家族を養う身であり、住宅ローンも組んだばかり。でも、朝食のとき『今日は何も言わずにおこうかな』とつぶやいたら、妻から、大目玉を食らいました。『何なの、それ。そんな程度の決心だったの? だったら起業なんてやめちゃいなさいよ!』」

福田氏の決意を聞いたとき、妻は反対するどころか熱心に耳を傾け、賛同してくれた。ファイナンシャルプランナーの話を一緒に聞いていたせいだろう。意義のある仕事だから頑張ってほしい、と励ましてくれさえした。

「でも、石橋を叩いてわたる自分の性格を見抜いていたのでしょう。ぐずぐずしているところをどーんと背中を押され、その勢いで辞表を提出することができました。ちょっと情けないですよね」

独立、そして会社設立

同年の2012年10月。福田氏の会社が設立された。社名は「ファイナンシャルスタンダード㈱」。IFAという新しい潮流を、日本の金融業界のスタンダードにしたい。業界のオンリーワンに収まるのではなく。そんな思いを込めてつけた。事業内容は保険、不動産、証券——すべてワンストップで、資産形成から遺産相続までトータルな相談に乗るというものだ。

妻はブライダル映像制作会社を辞め、総務担当としてセミナー運営や販促を一手に引き受けている。忙しくも満ち足りた日々が始まった。

「毎日が学びの連続です」

福田氏は大きく目を見開く。

「一人ひとりのお客様のことを全力で考える。ない知恵を振り絞って経営のことを考える。忙しさは半端ないですが、おかげで退職前には感じられなかった成長実感がよみがえってきました」

もちろん、その後の日々は順調とはいいがたかった。証券会社時代のお客様を一人として勧誘せず、新規開拓のみで事業をスタートしたため、当初の取引先はゼロ。

しかし、そんな苦労を乗り越えた今、ファイナンシャルスタンダードには、8名の社員がおり、順調に事業を展開している。

具体的にどんなビジネス内容なのか。どのようにして壁を乗り越えたのか。

それはまた後の章で詳しく物語るとしよう。

第2章

セールスからアドバイザーへ
ＩＦＡ（独立系アドバイザー）とは何か？

――証券マンも知らない新しい証券営業のかたち

会社の営業方針に縛られず自由なスタイルで働ける

ＩＦＡという働き方があることは、じつはあまり広く知られていない。旧日興證券出身で、現㈱アイ・パートナーズフィナンシャルの長壁かおり取締役もそのひとりだった。日興證券には社内にＩＦＡ事業部門が設置されていた。にもかかわらず、社員である長壁氏がその存在をまるで知らなかったというから驚きである。

「私はもともとお客様と個人的に親しくさせていただいて、お一人おひとりとじっくりおつきあいするタイプの営業でした。それだけに皆様とは長いおつきあいをしていきたいと思っていました。ところがあるとき、別の支店への転勤の内示がありました。お客様と離れたくなかった私は、思いつめ『転勤したくないので、ほかの証券会社に転職します。お客様にも、転職先に口座を移してもらいます』と上司に宣言したのです」

そこで初めて日興證券の中にＩＦＡ事業部門があることを上司から知らされた。

「ＩＦＡは第三者的な立場から資産形成、運用についてお客様にアドバイスする仕事だ。長壁には向いていると思う」

お客様と強固な信頼関係を築いている長壁氏に他社に行かれるより、ＩＦＡという立場に変わっても、日興證券との関わりを断ってほしくないと判断したのだろう。

「啞然としました。世の中にそんな仕事があることすら知らなかったのですから。これこそ自分がやりたかった仕事だ、と直感しました。そこで、すぐ自社のIFAの部署に電話し『今からそちらのオフィスに行くので話を聞かせてください』と面談を取りつけ、その場でIFAになると決心しました」

彼女にとって「お客様と長い関係を築いていける」「会社の営業方針、ノルマなどに縛られず自由なスタイルで働ける」という2つの点は何より強い魅力だったという。


日興證券を離れたのちも、長壁氏はIFAとして働き続けてきた。現在はIFA会社であるアイ・パートナーズフィナンシャルに籍を置いている。

彼女や、第1章の福田猛氏のように、証券会社の看板を捨てて独立する営業マンの存在は、あまり周囲に知られてはいない。だが、その動きは徐々に広がりを見せており、30代と若くして転身するケースが増えるなど、世代を超えたムーブメントになりつつある。

ムーブメントを巻き起こしているのは、従来の対面型営業にはできないことをしたい――「専門知識や経験、情報、持てるネットワークを駆使し、お客様の資産形成に役立ちたい」という志を抱く人々だ。

安定した会社員という地位を捨ててまで彼らがめざすＩＦＡとは、どのように日本で広がったのか。また、具体的にどんな仕事なのか。本章ではそのあらましを見ていくことにしよう。

ＩＦＡは「かかりつけ医」のような存在

ＩＦＡ（Independent Financial Adviser）の正式な名称は金融商品仲介業者。金融庁の調べによれば、２０１５年11月現在で８１４業者おり、そのうち法人は５１９社、個人が２９５人である。

その業務内容とは——。

簡単にいってしまえば、「金融のプロフェッショナルコンサルタントとして、お客様の資産の保全、運用のアドバイスを行う」というものである。金融商品を販売するのではなく、独立した立場でお客様にとって最良と思われる投資の選択肢を提案する。株、債券、投資信託——。業務委託契約をしている金融機関のさまざまな商品を扱うが、特定の会社の商品を売りつけるわけではない。あくまで中立な立場で幅広いラインナップから商品を絞り込んでゆく。後述するように、その提案内容は、投資を薦めることだけではない。時

IFA（独立系アドバイザー）のイメージ

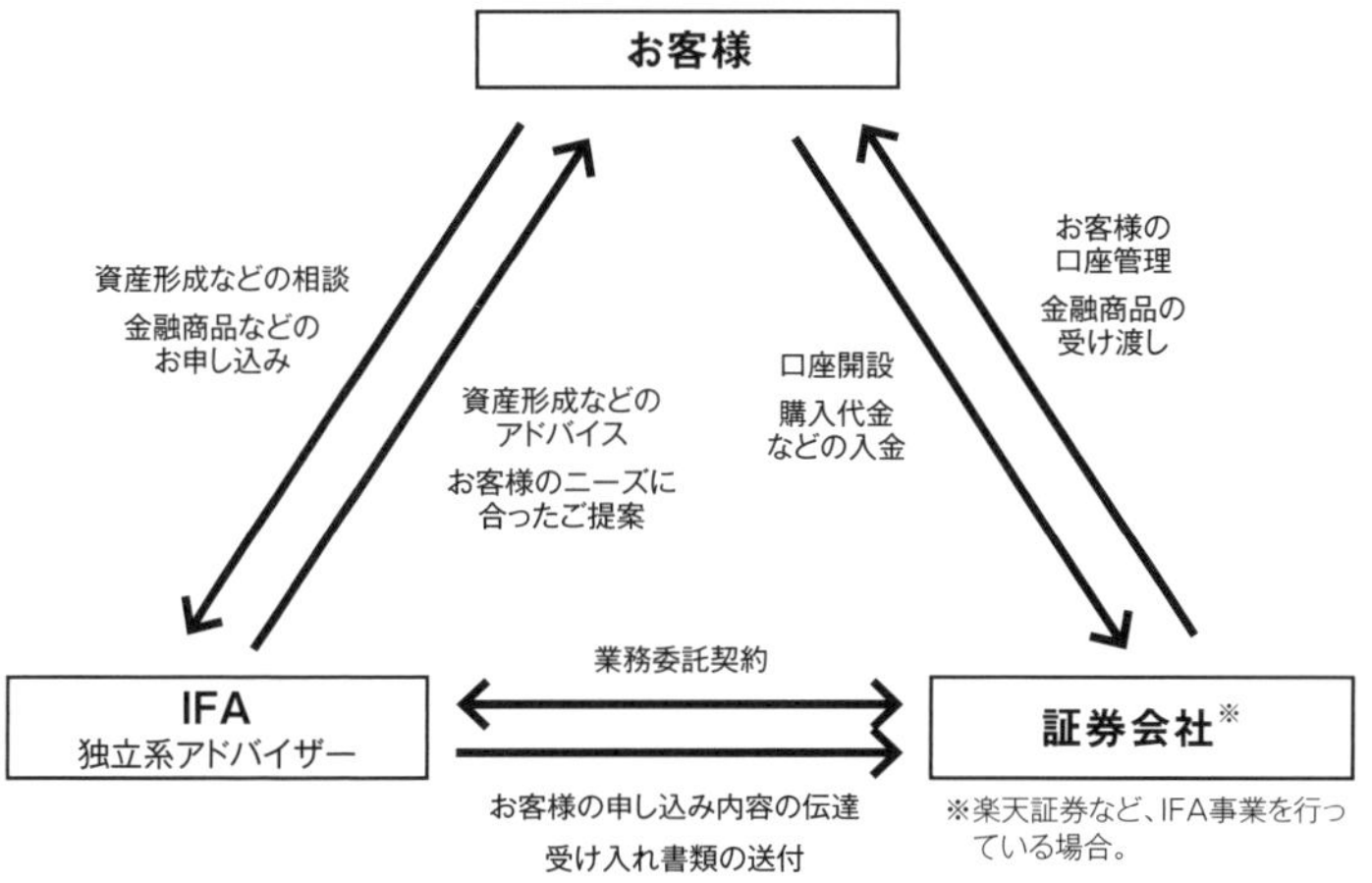

には、好機が到来するのを待つよう、お客様を説得することもある。

ＩＦＡ、証券会社、そしてお客様との関係は、上図の通りだ。

以下、簡単にその仕組みを説明しよう。

お客様はまず、証券会社に口座（ＩＦＡ専用口座）を開く。そしてＩＦＡからアドバイスを受け、金融商品を購入する際は購入代金をお客様自身が口座に入金する。ＩＦＡはお客様の申し込み内容を証券会社に伝えるのみで、購入代金についてお客様から現金を預かるといったことはない。

お客様一人ひとりとじっくり長い歳月をかけてつきあうのもＩＦＡの特徴だ。

証券会社の営業マンのように転勤や異動がないため、親子二代のお客様を担当するＩＦＡも少なくない。独立し、地域密着型でビジネスを展開できるからこその強みだろう。

ＩＦＡと証券会社は前述のようにゆるやかな関係を築いているが、商品のやり取りだけではなく、ほかにもさまざまな面でＩＦＡをサポート、フォローする。たとえばシステムやトレーディングツール、情報や勉強の機会の提供などだ。

第三者的な立場からお客様の資産を護り育てることから、ＩＦＡは資産の〝かかりつけ医〟と呼ばれている。

地域の小児科医を思い浮かべてみればよくわかるだろう。子どもが熱を出したとき、怪我をしたとき、駆け込めばいつでも適切な治療をしてくれる。時には風邪やインフルエンザの予防注射をすることもある。同じように、資産形成、運用をつねに見守ってくれる頼もしい存在がＩＦＡといえる。

後の章で述べるが、実際、米国では医師や弁護士と並び、日本のＩＦＡにあたるＩＢＤやＲＩＡなどのファイナンシャルコンサルタントは社会的にもステイタスの高い存在として、尊敬されている。腕のいい外科医に予約が殺到するように、アメリカでは実績を叩き出すプロフェッショナルな独立系アドバイザーは引っ張りだことなる。

人によって「相続に強い」「不動産に詳しい」「FPの資格がある」など、その他の専門知識やスキルを持つIFAもいる。営業スタイルも多様だが、大きく2タイプに分かれるようだ。

ひとつは市場のメカニズムをしっかり把握し、自分なりの投資の理論を確立しているタイプだ。理論が投資家の心に響くものであれば、ファンは増えていく。

もうひとつはお客様と強固な信頼関係を築くタイプ。ご自宅に訪問し、何時間でも世間話をして打ち解けた間柄になる。娘息子にも友人にも言えないような悩みも、この人なら打ち明けられる――と思われるような存在にまでなり、長くお客様と関係を築き続ける。

「ご家族のことや、ご自身のご病気のことなど、個人的な悩みをよく打ち明けられます。女性の場合、一番多いのはご主人様とのご関係のことでしょうか。お話を聞くばかりで、とくに何かをしてさしあげられるわけではないのですが、時折『ご主人、こんなことをおっしゃっていましたよ。優しいところがおありじゃないですか』などとそれとなく、仲を取り持つようなことをしたりします」(長壁氏)

独立することのデメリットは？

もちろん、ＩＦＡとして独立するのは易しいことばかりではない。

まず、大手金融機関の看板を捨てなければならない。その上で社会的な信頼、お客様からの信頼を維持しなければならない。日本の個人金融資産、約１６８４兆円（２０１５年９月末現在）のうち、44％にあたる７４０兆円は大手金融機関にある。「規模の大きな金融機関に預ければ安心」という考え方をする人が、圧倒的に多い証拠だ。

一方で同じ担当者との長期にわたる取引関係に信頼感、安心感を覚えているお客様が多いこともまた事実である。つまり、お客様は大手金融機関の看板だけでなく、営業マンの資質もまた重視している、ということだ。

海外のプライベートバンクやファミリーオフィスのことを考えればわかる。規模は大きくないにもかかわらず、富裕層から圧倒的な支持を得ているのは「優れた提案力」があればこそだ。大規模な金融機関にはない、専門性や独自性、プロフェッショナリズムをお客様は求めているのだ。

長壁氏も、かれこれ16年、17年と長いおつきあいをさせていただいているお客様が多い、という。

「知り合った頃は60代くらいだった方が、今では80代ですから。皆様、ご自分が亡くなられた後のことを心配されているようです。私が今年41歳でちょうどお子様がたと同世代くらいということもあり、娘息子の運用のことも任せたいと思っていらっしゃる方も多いですね。たとえば、個人年金保険などで子世代の老後資金をつくらせたい、といった場合も『年金保険は30年、40年と長い歳月をかけるものだから、長壁さんくらいの年代の人に任せたい』と言われる方もおられます」

プロとしてスキルを磨き、誠意と責任感を持ってお客様に接すれば、何十年にもわたり、続けられる仕事なのである。

証券会社から受けられるサポート

ＩＦＡの意義や役割、営業スタイルについて、以上一通り見てきた。懸念されるのは、独立、あるいは小規模な会社に所属することにより、大企業ならではの人的ネットワーク、サポートを失うことだ。

大企業ではしっかりしたバックオフィス業務の体制、上司による管理体制が築かれている。それらから切り離された環境で、付加価値の高いサービスをお客様に提供することは可能なのだろうか。

実情は、さほど心配には及ばないようだ。過剰な事務サポート、管理体制が敷かれていない代わりに、ＩＦＡ業務に必要な支援環境は十分、整えられているからである。

信頼される医師になるには、幅広く深い知識や経験が必要だ。さらに、医薬品や医療機器、そして薬剤師や看護師、理学療法士といった「コメディカルスタッフ（医療従事者）」などの助けがなければ、十分な医療を提供することはできない。彼らが周囲の支援を得て医療にあたるように、ＩＦＡにも力強いサポートがある。

たとえば、業務委託契約を結ぶ証券会社が網羅する商品ラインナップは、治療に使われる医薬品に喩えられるだろう。この疾患にはこの薬とこの薬、この患者さんは高齢だからこの薬、といった具合に、医師が相手に合わせて最適な医薬品を選び出すように、ＩＦＡもまた、最適と思われるものを選び出し、組み合わせ、お客様にご提案する。

種類が幅広いほど、選び手の選択眼が問われるわけだが、経験豊富なＩＦＡならば、その中からベストな商品、組み合わせをお客様に提案することができる。つまり、優秀なＩＦＡほど、ラインナップは多いほうがよい、というわけだ。

たとえばＩＦＡのサポートに熱心な楽天証券の場合、日本株、米国株、中国株、ＡＳＥＡＮ株、国内・海外ＥＴＦ、投資信託、国内・外国債券など、ラインナップは多彩。なかでも投資信託は２０００銘柄超、海外ＥＴＦは２６０本超、米国株式は１２５０銘柄超（２０１６年1月現在）と、充実したラインナップを持っている。

証券会社の営業マンは、会社の方針に従って、特定の商品をお客様に薦めるのが一般的だ。お客様のニーズや価値観にしたがい、商品を選ぶ自由はほぼないとも聞く。ＩＦＡの仕事は、彼らとはまさに対極的といっていいだろう。

その他、投資信託分析ツールや、お客様ごとのすべての金融機関の資産を一括で表示でき、最適なポートフォリオ提案ができるツールなどを楽天証券ではとり揃えている。また、業務管理ツールとしては、お客様一人ひとりの残高、損益を一括管理できるシステムなども整備されている。当日の注文状況一覧、お客様を選び出してデータをチェックできる機能、銘柄別に保有するお客様を検索できる機能、さらにパフォーマンスレポートの確認やポートフォリオのシミュレーションなどもできる。

証券会社の支援といえば、集客活動、マーケティングなども挙げられる。ＤＭやパンフレットの作成・配布、イベント、キャンペーンなどの開催だ。また、会社にもよるが、経済研究所の研究員、商品部担当者が顧客訪問に同行することもあるという。

証券会社の持つネットワークを利用できることもＩＦＡにとっては心強い要素といえるだろう。信頼できる不動産会社、税理士事務所、会計事務所、保険会社、他のＩＦＡ事業者と業務提携し、必要に応じてお客様にご紹介することも可能だ。〝かかりつけ医〟が患者の様子を見て大学病院などを紹介するように、お客様のあらゆるニーズ、問題を汲み取り、ワンストップで幅広いサポートができる、というわけだ。

さらに前述の通り、学ぶ機会が得られる点にも注目したい。業務委託契約を結ぶ証券会社で行われる各種研修、商品勉強会、カンファレンスに参加すれば、金融のプロフェッショナルとして知識やスキルを磨けるだけでなく、人脈も広がる。会社に所属するメリットとして、ヒト、モノ、カネ、さらに情報という会社の資産を共有できることが挙げられるが、このような仕組みがあれば、独立しても同じような恩恵を得ることができる。

コストが低いＩＦＡ収入はどう変化するか？

さらに、ＩＦＡの収入レベルについても簡単に触れておこう。ＩＦＡの収入の柱は証券会社から支払われる委託業務報酬である。これはお客様が取引時に証券会社に払う売買手数料に、一定の割合で按分された金額と定められている。

もちろん、売り上げがいくらになるかは担当するお客様の人数や取引内容によってさまざまだ。ただ、販売費、一般管理費などのコストはさほどかからない。

たとえば大手金融機関では、あらゆるコストをかけて営業を行う。一等地に構えた本社や支店の家賃、管理費、システム費、ＯＢの年金を含む莫大な人件費、広告宣伝費、社用車、立派な役員室や支店長室の調度品、内装費用などなど――。これらを賄うため、営業マンは会社からつねに高いノルマを課されている。つまり、彼らが受け取る給与は、稼いだお金から莫大な経費を削られた後に配分されているわけだ。

これに対しＩＦＡではどうか。

まず、システムについては、一定の料金を支払えば業務委託契約を結ぶ証券会社から提供される。大手企業でミドルオフィス、バックオフィススタッフが担っている作業も証券会社が担っているため、人件費も節約できる。アドバイザー業務が基本のため、商品の導入、直接的な管理コストも支払う必要がない。事務所の敷金、礼金、家賃、パソコンや電話、通信費、光熱費などはかかるものの、初期投資、ランニングコストともに必要最小限に抑えることは可能だ。

あるＩＦＡは、「大手証券会社と比べ、損益分岐点が圧倒的に低い。今期の報酬は前職の給与水準を上回ります」と説明する。

前述のアイ・パートナーズフィナンシャルのようなＩＦＡ会社に所属する場合も、証券会社に勤める営業マン時代より待遇がよくなったという人も多数いる。

しかし、盲点もある。

ＩＦＡの場合、営業マンと違って月間売り上げの予測は立てにくい。なぜなら、売り上げありきではなく、あくまでマーケット、お客様ありきでビジネスをしているからである。預かり資産の規模で、だいたいの手数料収入を予測するしかない。

ではいったい、どの程度の預かり資産があればいいのか。

あるＩＦＡ会社の代表はこう答える。「当社でＩＦＡの採用時にお話ししているのは、預かり資産の０・５〜１％程度を年収の目標にしてほしいということです。期待する年収はＩＦＡさんごとに違いますが、たとえば年収１０００万円を期待する場合、少なくとも預かり資産は10億円以上欲しい、ということになります。真にお客様の立場に立ったＩＦＡを務めるには年収はそのくらいのイメージではないでしょうか」

もちろん、会社の看板を捨てたとき、どれだけのお客様が自分を頼ってくださるかはわからない。やはりできる営業マンでないと、IFAとしてもやっていけないことになる。

しかし、中には安易に独立してしまう人は少なからずいるようだ。

「1億円程度の預かり資産で株式の短期売買営業をやれば、やっていける、などと思いこんでいる人もいます。よほどマーケットの状態がよければ、短期売買を繰り返すことで手数料収入を得られるかもしれませんが、そういう人は長期にわたるお客様との信頼関係を築けませんよね。IFAを生業として長く続けるのは無理でしょう」(同代表)

長壁氏も、そういう人は1人、2人のお客様に頼っているようで不安が大きい、と指摘する。

自己責任ゆえの緊張感は、当然、つきまとうことだろう。

証券会社時代は会社や上司の指示に従っていればよかった。しかし、IFAになればそうはいかない。お客様の適合性、市場の状態を見極めたうえで、IFA自身でお客様にお薦めする商品を見定めなければならない。

「それまでの縛りがなくなり、自由な世界に出たことで戸惑いを覚えるIFAも多いようですね。独立したての頃は、『自分にどれだけの知識や選択眼があるのか、本当にこの投資信託を薦めていいのだろうか』などと迷い、なかなか意思決定できないようです」(長

壁氏）

売り上げの予測が立てられないだけに、時に逆境に耐えなければならないこともある。株式を専門としているＩＦＡで、自分なりの投資理論を貫くタイプは、とくにこうした試練に遭う可能性がありそうだ。

だが逆に言えば、証券会社と違って売り上げのノルマがない故に、「試練を乗り越えられる自由」を持っていることこそ、ＩＦＡの強みといえる。

あるＩＦＡは、某銘柄を株価２００円くらいのときにお客様に提案した。その後、株価が上がるのをお客様ともども辛抱強く待ち続けた。その間そのお客様の売買はないため、手数料収入はゼロだ。苦しい時代が続いたが、3年ほど経ったとき、予想通り一気に値上がりした。なんと約２０００円と10倍に跳ね上がったのである。３０００万円ほどだった資産が5億円にまで殖えた、というお客様もいたそうだ。

自分の信念にもとづき、自分でリスクをとってビジネスをする――この点こそ、証券会社の営業マンとの最大の違いにして、ＩＦＡの醍醐味なのである。

日本でＩＦＡはどのように広まってきたか

ここで簡単にＩＦＡの歴史を見ていこう。

日本におけるＩＦＡ事業の始まりは１９９８年に遡る。この年、米国チャールズ・シュワブ元社長がアドバイザーテック証券日本法人を設立。翌年にはＬＰＬ日本証券が契約ファイナンシャルプランナー経由での投資信託販売をスタートした。なお、アドバイザーテック証券日本法人は、２００１年に日興コーディアル証券によって買収され、ＬＰＬ日本証券は２００９年にＰＷＭ日本証券に改称している。（※現ＳＭＢＣ日興証券は２０１５年3月末でＩＦＡ事業を終了。出社型は２０１７年3月末まで）

２００４年12月、前年の証券取引法改正を受け、銀行の証券仲介業が解禁されると、参入企業は続々と現れる。三菱証券、トレイダーズ証券、ひびき証券が買収したエコ・プランニング証券、日本インベスターズ証券などだ。楽天証券がＩＦＡ事業部を発足したのは２００８年9月のことだった。同じ頃、エース証券、髙木証券、スーパーファンド証券なども参入を果たしている。

なお、２００８年から金融商品仲介業を開始したＳＢＩ証券は、２００９年には日本インベスターズ証券より営業譲渡された。

一連の歴史の最大の潮目は２００４年４月だ。

金融庁の「証券市場の改革促進プログラム」の一貫として、「業務を証券取引の仲介に限定した証券仲介業」が新たな証券業種として創設された。内閣総理大臣の登録を受け、証券会社と業務委託契約を結んだ事業会社、または個人が、株式や債券などの売買を取り次げる、というものである。

さらに２００７年９月には、金融商品取引法施行にともない、証券仲介業から金融商品仲介業という業種名に改められた。金融商品仲介業の担当者は証券外務員資格を持ち、日本証券業協会において、外務員登録を行う必要がある。

この〝ＩＦＡ制度〟の施行を受け、新規参入する企業が相次いだ。

発足した当初は、金融機関の定年退職者がＦＡとして独立した際、ＩＦＡを兼業するケースが多かった。または、保険代理業者がＩＦＡを兼務する場合もあった。

ところが最近は、この傾向が変わりつつある。証券会社、あるいは外資系プライベートバンクの出身者などがＩＦＡとして独立、起業するようになったのだ。まさにムーブメントが起こりつつあるといえる。

ＩＦＡの黎明期を知る田中譲治氏の場合

彼らはなぜ、ＩＦＡをめざすのか？

ＩＦＡ黎明期からの歴史を見てきたのが㈱アイ・パートナーズフィナンシャルの田中譲治代表取締役だ。証券会社を飛び出し、ＩＦＡに転身したひとりである。現在は神奈川県横浜市に本店（全国で11オフィス）を構え、約70名（２０１６年1月現在）のＩＦＡを抱えている。

そこでここからは、彼自身の足跡を追いながら、ＩＦＡが日本に誕生するまでのいきさつ、そのモチベーションの高まりを見てみることにしよう。

田中氏は１９７９年に大学を卒業し、大和証券に入社した。8年間、リテール部門で営業職を務めた後、１９８７年、モルガン・スタンレーに転職。ホールセールを手掛けている。

「正直、それまで証券の仕事が好きになれなかった。とくにリテールの営業なんて当時はいかにも株屋らしいイメージが強かったからね。みんなこう、株を〝語る〟んですよ。急騰急落が激しい仕手株の話なんかを、当たり前のようにしていた。そんな環境にいたから、

『株なんかただの博打じゃないか』と思っていました」

そんな田中氏の認識が変わり、後にＩＦＡに転身するきっかけとなった出来事がある。

時は１９８０年、ちょうど第2次オイルショックのあとで、世の中は急激なインフレに突入していた。

このとき、田中氏と同僚たちが目を付けたのが、いわゆる「61国債」（第61回債）である。

「6・1%と、今考えるとかなり高い金利の商品なんですが、インフレのおかげで単価70円台前半まで下がった。利回りにして12%というんだから、まさにお買い得ですよね。当時、すべての個人が対象だったマル優制度（少額貯蓄非課税制度）はみなさん使っていましたが、国債が対象になる特別マル優制度（少額公債非課税制度、当時はすべての個人が対象）はあまりみなさんご存じなかった。そこで特別マル優で高利回りの61国債購入のキャンペーンを打ったんです」

このとき初めて投資のプロフェッショナルとしての強い役割意識に目覚めた。

「いや、面白かったですね、○年でこれだけの利回りになりますよ、と説明すればみなさん、納得してくださるし、喜んでくださる。投資は博打なんかじゃない、ちゃんと理屈っていうものがあるんだ、と考え方が１８０度変わったんです」

投資の正しいあり方を日本社会にもっと広く認知してもらわなければ、と決意した瞬間だった。

モルガン・スタンレーに移ってからは機関投資家向けの営業職に就いた。後に有名になった優秀なアナリストに何人も出会ったが、彼らからマーケットの理論について学ぶ機会を多く得たという。そこで再認識したのは、短期的な投資にはたしかに博打的要素があるけれど、長期的に見ると、やはり理論に添った価格形成がされているということだった。

「その後、入社したメリルリンチ日本証券で当時打ち出していたのが資産管理型営業というスタイルです。アセットアロケーションを組んでポートフォリオをつくり、リスクをとれない方、とれる方と、それぞれアロケーションを変えてお客様のニーズに合った営業をする。従来の日本の証券会社では考えられなかった、斬新な手法でした。このときから資産形成層という、より大きなマーケットを支える役割を意識するようになったんだと思います」

その後、田中氏は2002年に日興コーディアル証券に入社。同社が展開していたIFA事業部門で出社型IFAとなった。さらに2009年、アイ・パートナーズフィナンシャルを設立したが、「自分のようにメリルリンチから日興のIFAになり、やがて独立した人は多いのでは」と言う。

「IFAになるような人は、自分の意見をしっかり持っている人が多い気がします。証券会社では上意下達でノルマが課され、プレッシャーがかけられますが、優秀な人間ほどノルマをこなすだけの仕事には耐えられなくなる。もっと自律的に働きたいという思いが強くなるのでは」

上司の指示で、納得のいかない商品を売るような場合も、「どうせ転勤すればつきあいもなくなるのだから」と自分に言い聞かせて営業したりする。そのうちお客様に貢献するという証券マンの本来のモチベーションを見失う人もいるのではないか、と田中氏。

「いずれにしても、これからIFAの数はどんどん増えるのでは。最大の起爆剤は、インターネットです。IFAが証券、保険、不動産、会計——など多方面と連携しながらお客様とつながっていけば……その数は急速に増えてゆくのではないでしょうか」

20年後には、弊社所属のIFAさんだけでも5000人くらいの規模にまで拡大するのではないか、と田中氏は推測する。

金融における新しい時代の開拓者ともいえるIFA。彼らこそ、日本における金融市場のブルーオーシャン——これから資産を形成しようという若い世代のマーケット——の主役ともいえる。

後の章で述べるように、アメリカではすでにＩＢＤやＲＩＡなどの独立系アドバイザーが、ビジネスモデルとして台頭し、重要なチャネルのひとつとなっている。まもなく日本にもそうした時代が確実に到来するだろう。

第3章

アメリカにおける
独立系アドバイザーの存在感
なぜ、お客様は
独立系アドバイザーを選ぶのか?

アメリカでは一般的な独立系アドバイザー

ＩＦＡの源流はアメリカのインディペンデント・コントラクター、言い換えれば金融の〝独立系アドバイザー〟にある。なんとアメリカにおけるその数は、大手証券会社の営業マンを超えるほど増えているという。彼らはどのようにして誕生したのだろうか。そして、なぜここまで広がったのだろう。歴史をひもといてみることにしよう。

１９８７年10月19日に起きた史上最大規模の世界恐慌「ブラックマンデー」。ニューヨーク株式市場は大暴落し、世界同時株安が勃発。ダウ平均株価の終値は前週末より５０８ドルも下落した。投資家たちはパニック状態となり、争って投げ売りを始めた。

「じつはこの事件が、米国で独立系アドバイザーが見直されるきっかけになったのです」

こう説明するのは、明治大学国際日本学部沼田優子特任准教授だ。

沼田氏によれば、それまで証券関連商品の販売ルートは、ほぼ証券会社に独占されており、投資信託などは証券会社の営業マンから買うのが当たり前だったという。

しかし証券会社の営業マンたちが熟知しているのはあくまで自社商品であり、セールスするのも自社のラインナップが中心。顧客にしてみれば、専門的なアドバイスは得られるものの、幅広い商品と接するチャンスは限られていた。

しかも、顧客が商品を取引するたび、証券会社には売買手数料が入る仕組みになっている。つまり、売買頻度が高ければ高いほど、証券会社は利益を得るわけだ。だから、ある程度価額が上がると、

「そろそろ別の投信に乗り換えましょう」

などと顧客に薦めるのが常套手段だった。もちろん、適正な判断にもとづいてアドバイスする営業マンもいるが、手数料狙いで乗り換えを薦める者も少なくない。顧客にとってはじつに迷惑な話だ。

顧客の意思とは関係なく、頻繁に売買が繰り返されるこの状態を「回転売買」と呼ぶ。

「なぜこんなにムダな売買をさせたのか」

顧客たちの怒りはブラックマンデーを機に頂点に達した。

同時に「もっと顧客の立場に立ってアドバイスしてくれる専門家はいないのか」という切実な声も上がった。それらの声に応える存在として注目されるようになったのが独立系アドバイザーたちだった。当時、独立系アドバイザーはまだ黎明期で、けっして多数派で

はなかった。だが、「証券会社から独立することで会社の営業方針に縛られずに顧客のほうを向いてアドバイスできる」「自分の裁量で、自分の経験やスキルをフル活用して顧客に貢献できる」と、大手証券会社を去る営業マンが少しずつ現れ始めていたのである。

やがて、1990年代半ばに差し掛かると、いよいよ独立系アドバイザーの認知度は上がり、資産運用のソリューション提供者として社会に認識されるようになる。

さらに、2001年のITバブル崩壊、2008年のリーマン・ブラザーズ破綻と、業界に激震が走るたび、独立系アドバイザーの存在感は高まっていった。

理由は単純明快だ。「顧客の信頼を裏切らなかったからだ」と沼田氏は言い切る。

バブル崩壊のたび、危機感を強めた顧客たちの営業マンを見る目は厳しくなった。本当に自分の資産を護り育ててくれるのは誰なのか。証券会社の営業マンなのか、独立系アドバイザーなのか。めまぐるしい変化の中で、中立的な立場から中立的な助言をしてくれる存在が人気を集めるようになったのもうなずけよう。

そして1946〜1964年生まれのベビーブーマーが投資人口に加わったことで、独立系アドバイザーのニーズはさらに高まった。

ネット証券ブームに乗って自己判断だけで投資を行う人もいたが、ITバブル崩壊後は、不安感から専門家のアドバイスを欲しいという人も増えていた。とはいえ、多くはこれから資産をつくろうとする人びとで、投資資金はそう多くない。高額商品を薦めたり、手数料が高い傾向にある大手証券会社とのつきあいははばかられた。

一方、富裕層を相手にしてきた大手証券会社にしてみても、預かり資産の拡大が見込めない彼らはターゲットではなかったのだ。

アドバイスとはいっても、資産家が利用するようなラップサービスを求めているわけではない。「助言だけして欲しい」「情報だけ欲しい」といった、自分の要望に合わせて対応してくれるアドバイザーが欲しい――というのが彼らの本音だ。

一方、地理的な面で独立系アドバイザーに軍配を上げる顧客も少なくなかった。大手証券会社があるのは大抵大都会である。地方で暮らしている人にとっては敷居が高い。その点、独立系アドバイザーは、地元密着でサービスを提供してくれる。

「彼らのなかには、顔見知りの多い故郷の町などに戻り、オフィスを構える人もいます。『都会の金融街で働いていた○○の息子が戻ってきた』『○○の息子なら、近所に顔向けできないようなことはやらないだろう』と町の人びとが信頼を寄せてくれるからです。

ちょうど近所のかかりつけ医のような存在でしょうか。困ったときはいつでも気軽に相談に乗ってくれ、問題を見つけ出して適切な助言をしてくれる。必要があればさらに高度な専門家につないでくれる。定期健康診断のように、資産運用状況をチェックし、見守ってくれる。

また、内科や整形外科、皮膚科など、かかりつけ医にもいろいろな診療科目があるように、独立系アドバイザーもそれぞれ強みを持っています。事業承継に強い人もいれば、株式が得意という人もいる。

アメリカでは、独立系アドバイザーのプロフィールや得意分野などを載せたホームページがたくさんあるので、検索すれば、自分の抱えている問題を解決してくれる相手を見つけ出すことができるわけです」

こうして独立系アドバイザーは、時代のニーズによって、業界の主流となっていった。しかし、当初は「玉石混淆」のイメージもつきまとっていた。というのも、1980年代頃の独立系アドバイザーの中には、会社から突きつけられたノルマが達成できず、しかたなく独立の道を選んだ人もいたからだ。

現在もそうだが、アメリカの証券会社はほとんどが歩合制の賃金方式を採っている。大手ほど戻し率が低く、だいたい4、5割程度。実力がなく、ノルマが達成できない場合、2割に引き下げられてしまうケースもある。会社からすれば事実上の追い出し作戦である。ところが沼田氏によれば、最近はトップ営業マンが次々に会社を飛び出しているという。それにはいくつか理由がある、と彼女は説明する。

「第一に顧客のメリットを考えれば自由な立場でアドバイスしたほうがよいこと。

第二に経験やスキルを積んだ人ほどノウハウがあるので、会社が出しているアナリストレポートといった社内リソースに頼っていないこと。それにもかかわらず会社に5割、6割と稼ぎを取られてしまうのなら、独立したほうがいい、と考える営業マンがいても不思議はないでしょう。

第三に、証券会社に所属していてはできないことが、独立すればできるようになること。たとえば証券だけでなく、相続問題や不動産などの問題を深く取り扱えるようになる、などです。

もちろん、金融商品の中でもとくに強みのある分野があれば、それを武器にすることもできます。債券全般に詳しく顧客サービスがきめ細かい、とか、ヘッジファンドに強いなどです。会社の方針でできなかったことも、自由の身になれば取り組めるかもしれません」

一方、最近は金融業界もコングロマリット化が進んでおり、証券営業マンも、銀行や保険会社などグループのさまざまな商品を扱わねばならなくなっている。富裕層の資産問題を一括して預かるプライベートバンクに近い業態だが、中にはこうした傾向を不満に思っている証券営業マンもいる。そういう人たちは、なおさら独立を考えるようになる――。

社会や業界の変化によって会社の方針も大きく変わるが、実力派の営業マンほど自分の営業スタイルが確立しているのでそれを嫌い、外の世界へと飛び出していくのである。

ネット証券ナンバーワン チャールズ・シュワブの手厚い支援

優秀な独立系アドバイザーを集め、彼らが存分に活躍できるようサポート体制をつくって成功したのが、アメリカのオンライン証券会社、チャールズ・シュワブだ。チャールズ・シュワブは、ＲＩＡ（Registered Investment Adviser 小規模一任業者）と呼ばれる独立系アドバイザーに特化して成功した。ＲＩＡに対して顧客は売買手数料ではなく資産残高手数料を支払うという仕組みになっており、この点が顧客にとっては安心材料のひとつだった。回転売買の懸念はないし、残高手数料型ビジネスは預かり資産規模が大きいアドバイザーでないと成り立たないからだ。

チャールズ・シュワブの創業は1971年。1990年代半ば以降、既存の証券会社が目を向けなかったオンライントレーダーに情報提供することで急成長を遂げた。2007～2014年の8年間において、顧客預かり資産は2兆5000億ドルに倍増。メリルリンチを超えている。

今やオンライン証券最大手の同社だが、RIAに向けて、顧客の注文の執行や決済管理といったバックオフィスサービスを提供している。

その他、口座移管など独立支援をするだけでなく、投資信託、オルタナティブ商品、SMAといった豊富な商品ラインナップ、ポートフォリオ管理やCRM、自動リバランスといった情報プラットフォームを提供。システムを通したコンプライアンス支援、それぞれの悩みに応じた営業支援もする。

「コンプライアンス」「情報技術」「商品」「ブランドマーケティング」。これら4つの面でRIAを支え、独立・起業した者ならではの不便や不安を解消する。そのうえで、彼らの武器である専門性や口コミ力などを存分に活かしてもらおう、というわけだ。

チャールズ・シュワブと提携を求める独立系アドバイザーの数は大きく増えている。同社のRIA経由の総預かり資産は2002年には8000億ドルだったのが、ほぼ右肩上がりで伸び続け、2015年には1兆1000億ドルを超えている。

沼田氏は力説する。

「アメリカでは専門家の対面アドバイスを受けたい人が主流です。金融危機後も投資離れが起こらなかったのは、独立系アドバイザーの存在が大きかったからでしょう。新たな業者、サービスの誕生により、アメリカの資本市場の厚みはさらに増したといえるのでは。

日本では、2001年の小泉内閣時代におけるいわゆる『骨太の方針』において、貯蓄優遇から投資優遇への方針が打ち出されましたが、いまだに個人資産に占める株式や投資信託などの割合は2割弱。投資の裾野を広げるためには、地域密着型で個人の身の丈に合った金融アドバイザーのサービスがもっと増えなくてはなりません」

実際、第1章で登場した福田猛氏のように、独立の道を歩み始めた独立系アドバイザー/IFAは、日本でも増え始めている。彼らの背中を見て立ち上がる営業マンは、今後、後を絶たないにちがいない。

そこで、次章からは彼らの仕事ぶり、暮らしぶりを通し、IFAとしての働き方を具体的に見ていくことにしよう。

第4章

IFAのトップランナーに聞く、
仕事のスタイル・お客様とのコミュニケーション

大阪で起業。
お客様に応援されるIFAに

高松綾氏の場合

お客様の「知恵袋」

目が醒めると部屋は早くも初秋の空気が漂い、ひんやりと涼しかった。寝間着のままキッチンに向かい、眠気覚ましのコーヒーを淹れる。やわらかな香りが部屋に広がるのを楽しみながら、高松綾氏はテーブルからスマホを取り上げた。

カップを片手に相場をチェックするのが毎朝の習慣だ。オンラインニュースや新聞に一通り目を通し、有料で購入している海外の金融市場レポートを広げる。至福のひとときだ、と高松氏は思う。やはり自分はこの仕事に向いている。独立して正解だった。証券会社に勤めていた頃は営業の電話ばかりかけまくっていて、勉強時間など取れなかったのだから――。

何しろ一日中、商品を見ていても飽きない高松氏である。マーケットは、まるで生き物のように日々刻々と変化する。その動きをつぶさに追い、どのお客様にどんなアドバイスをすればいいか思いをめぐらせるのが楽しくてならない。キッチンでパンとサラダを用意し、高校に通っている一人娘が起きだしてくるのを待ちながらもなお、貪るようにレポートのページを繰った。

娘が出かけ、時計の針が9時ちょうどになったのを確認してから、おもむろに電話機を取り上げた。

「おお、髙松さんか。おはよう」

よく響くバリトンの声は、長年懇意にしている会社経営者の男性だ。

「おはようございます、○○様。今、お時間を頂いてもよろしいですか」

「もちろんだよ。電話を待っていたんだ。毎朝、悪いな。しかし、あんたみたいにお客に毎日電話をかけてくる証券ウーマンはおらんぞ。売り込みたいときだけ連絡してきて、あとはほったらかしにしとくもんや」

「もちろん、連絡しなくてよいというお客様には頻繁にお電話をさしあげたりしません。今日はいよいよお持ちの銘柄の○○社の決算発表ですね。ところで、ぜひお耳に入れたいニュースがあるんです。先日、FOMC、つまり連邦公開市場委員会が開かれましたが――」

男性の言う通りである。一般の証券会社の場合、自社商品を販売することが証券営業マンの仕事であり、営業で忙しく、お客様との会話に費やす時間などほとんどないのが実情だ。

男性は興味深そうに耳を傾け相づちをうっていたが、一通り話を聞くとこう切り出した。

「そうか、そうか。ようわかった。それで、や。ここから先、マーケットはどう動く?」

髙松氏の口元に思わず微笑みがこぼれる。お客様に信頼されていることがただ晴れがましく、嬉しい。「おそらく、こう動くのではないでしょうか――」

いつのまにか3杯目のコーヒーが冷めているのにも気づかず、髙松氏は夢中で語り続けていた。

IFAという天職に出会うまで

髙松氏が代表取締役を務める㈱泉アソシエイツは大阪市に事務所を構えている。お客様は近隣在住の方ばかりだ。

大学を卒業し、最初に飛び込んだのは不動産業界だった。30歳を過ぎた頃、子育てのためにいったん退職した。このとき、「一生かけて取り組める仕事を探そう」と心に決めた。シングルマザーだったという家庭の事情もある。娘のためにも、そして自分のためにも、心底打ち込める仕事をしたい、と考えた。

アルバイトで食いつなぎながら就職活動に奔走した。いくつか出た内定先の中で最終的に残ったのが生命保険会社、会計事務所、そして証券会社だった。「こう見えて、けっこう飽きっぽいんです。だからマーケットの変動を追う証券業界のほうが性に合うんじゃないか、という直感があったんですね」。それが癖なのか、ほっそりした指でいたずらっぽく鼻をこする。長身で整った目鼻立ち。明るく聡明な表情、話し振りは、大企業の秘書、広報といった風情だ。

結局選んだのは中堅証券会社の営業職だったが、就活はどうやら成功したわけではなさそうだ。「どうもしっくりこなかったんです」と苦笑する。

「前職の不動産会社では、お客様がどんな不動産を探しておられるかをおうかがいし、条件に合った物件を探すのが仕事でした。ところが証券会社では『この商品を今月これだけ売りなさい』という指示が先に出る。もちろんすべてのお客様にその商品が合うわけではありません。にもかかわらずお薦めしなければならない。かなり違和感がありました」

異動が多いことも不安のひとつだった。2、3年ごとにジョブローテーションが繰り返され、ときには転勤もある。そうなれば、せっかく信頼関係を構築してきたお客様から去らねばならない。お客様にとっても、自分の運用スタイル、ライフスタイルを理解してくれていた担当者が新任の人間に替わってしまえば、また一から話をしなければならず、負担がかかる。会社からすれば、「お客様に情を持つと思うように営業できなくなる」という懸念があるのだろうが、理不尽に思えてならなかった。

そんなことから、髙松氏はひびき証券に転職した。自由な社風に惹かれ、「この会社ならお客様と長いおつきあいができる」と思ったことが転身のきっかけだった。

ひびき証券が楽天証券と業務提携したのは2012年のことである。対面営業部門を切り離し、楽天証券と共同出資でIFA事業を立ち上げたことで、業界は騒然となった。

髙松氏が、ビジネスパートナーとともに泉アソシエイツを設立したのは、同年8月である。ベンチャー精神に富むひびき証券の代表取締役社長、井上智治氏が独立を応援してくださったことも大きかったと髙松氏は話す。

「独立すればお客様にお薦めできる商品も幅広くなるし、時間ももっと自由になる。それが直接の動機でしたね。というのも、不動産会社に勤めていたとき、育児と仕事の両立にとても苦労した覚えがあるんです。毎日、保育園と会社と家を行き来し、慌ただしい日々でした。何かにつけては『早くしなさい』と幼い娘を叱りつけてしまって。悪いことをしたなあ、と思っています。授業参観にも学校行事にもほとんど顔を出せませんでしたし。家族のために、もっとゆとりを持てたらという思いはずっとありました。

もちろん、お客様のために勉強する時間、お話をお聞きする時間も必要でした。ひびき証券はお客様の資金ニーズに合わせてコンサルティングをする営業スタイルでしたので、前の会社に比べるとずいぶん自由だったのですが。でも、本当にお客様のことを考えれば、いくら時間があっても足りないのが証券営業の本来の姿だと思うのです」

「資産運用のお手伝いをする」ということは、とても責任の重い仕事だ、と髙松氏は言う。ひとつでも判断ミスを犯せば、お客様に多大なご迷惑をおかけすることになる。それまで培ってきた人間関係も一瞬で崩れるかもしれない。つねに情報収集し勉強を続けなければ、とうていその責任には耐えられない。

「おつきあいくださっている富裕層のお客様には経営者の方々もおられます。政治経済から国際関係まで、あらゆる情報を必要とされている方が少なくありません。でもみなさんお忙しく、ご自分で情報収集するのは難しい。ですからこの分野は彼、この分野は彼女という具合に、情報を提供してくれるプロフェッショナルを身近に置いているのです。私もそのうちのひとり。金融のことをわかりやすく端的に、しかし重要なことはけっして外さずにお伝えするよう、心がけています」

時間が自由になるからこそ、勉強を続け、プロとしてのスキル、知識を磨きたい、と言う。

ＩＦＡはセールスマンでなくバイヤー

お客様一人ひとりについてよく知ることもＩＦＡの大切な仕事だ。仕事や生活、家族、価値観、生き方――すべてわかっていないと信頼関係も築けなければ、本当に役立つご提案もできない。そこまで関係をつくりあげるのに、「最低2年はかかる」と髙松氏。

現在、彼女が担当している顧客は、証券会社時代に知り合った人がほとんどだ。長いおつきあいの間、さまざまな出来事があり、歴史があった。それでも信頼関係は揺らいでいない。

最初は数百万円などの取引だったのが、億単位になった方もいる。大企業の看板もなしに、どうやって信頼を勝ち得、取引額を増やしていったのか。

「とにかくお話を聴くこと」と彼女は言い切る。

「たとえば事実上、お取り引きが休眠状態のお客様がいらっしゃるとします。なぜ休眠されているかといえば、そこにはやはり理由があるんですね。一言で言えば、不安があるからなんです。では、何が不安なのか。理由を探り出してソリューションをご提案することで、お客様は安心され、信頼してくださるようになります」

こんなことがあった。あるお客様のご自宅を訪問したところ、「持っている証券はあるにはある。だが、売りたくない。手をつけたくない」という。理由を尋ねると「面倒だから」の一点張りだった。

世間話を間に挟みつつも、さらに「面倒な理由」を聞いていくと、証券を特定口座に入れる方法がよくわからない、と言い始めた。

もともと一般口座にお金を預け、株取引をしていたのだが、税制が変わり、一般口座の利益が20万円を超えた場合は、自分で確定申告を行わなければならなくなった。ところが手続きの方法がわからずに放置してしまい、そのまま歳月が過ぎていた、という。

そこまで話すと、お客様は「ちょっと待ってて」と急に席を立った。5分、10分——。長い時間が過ぎた。不安を覚えていたところにお客様が戻ってきた。どさり、とテーブルに置かれた紙の山を見れば、なんと古い証券の束である。その嵩高さに思わず目を疑い、言葉を失ったが、同時に思わずこみ上げてくるものがあった。お客様が自分を信頼してくださったのだ——。

「いったん銘柄と株数をメモして会社に戻りました。その後、信託銀行に書類を請求して、数日間かけて銘柄ごとに書類を作成しては、顧客と共に手続きに取り組みました」

もちろん、代価を得るわけではない。完全に無料サービスである。無事に口座移転を済ませると、その事実だけをお客様に報告した。

するとお客様は「これで長年、抱えていた問題が片付いた」と喜び、取引再開を申し出てくれた。

「こんな感じで、とくに営業攻勢をかけることはありませんでした。株を売り込む、などということもしませんし」。先方から相談を持ちかけられない限り、商品のことはけっして話さないのが自身の営業スタイルという。

「お客様が100人いらっしゃったら、100通りの資産運用パターンがあるはず。100人のお客様全員に販売できる商品などありえません。ですから、ご相談いただいた内容に合ったものをお探しし、ご提案するようにしています」

IFAはセールスマンではなくバイヤーだ、と彼女は言う。

「お客様がこういうものを欲しいとおっしゃれば、代わりに探してくる。それが私たちの仕事なんです」

もちろん、損をすればお客様が不満や怒りを抱くことは皆無ではない。だが、セールスをしないスタイルをとっていれば、お客様も「押し売りされて損をした」などとは思わない。あくまで自分自身で意思決定した結果、購入した商品だからだ。

「それでも不満のはけ口がこちらに向かうこともあります。それはそれできちんと受け止め、最後まで耳を傾けますよ。その他、経営の悩みなども含め愚痴にはとことんつきあいます」

お客様に応援されて

お客様から支えられることも幾度となくあった。独立にあたり、惜しみなく援助し、支えてくださったお客様もいた。証券業界に飛び込んだばかりの頃からのつきあいで、新米だった髙松氏のことを何かと心配し、見守ってくれた存在という。

「不動産会社を辞め、子どもをかかえて就職活動していた頃、ある会社の面接会場にたまたま、その男性が商談で訪れていたのです。私の受け答えを一部始終聞いていたのか、『今の女性をうちの会社にくれないか』と、後でその会社の社長さんにもちかけてくださったそうなのです。就職難で、なかなかここ、という会社が見つからない、とくじけそうになっていたとき、そんなお話をくださったのが嬉しくてなりませんでしたね。証券会社に就職が決まったときは、まっさきにご報告のお電話をしました。すると、うちに来てもらえなくて残念だけど君には合ってると思うよ、と言ってくださって。それから何回かお会いしているうち、大手証券会社に預けていた株券をポンと移管してくれたんです」

まるで血を分けた兄のように、日頃から何くれとなく髙松氏を気遣い、励ましてくれた。独立することを打ち明けたときも「ああ、頑張れ！」と応援してくれた。

「あんた、変わってるから、独立したほうがいいよ。だいたい普通の証券会社の営業担当と違って、ちっとも商品を売ろうとしないからな」

その後、お客様の会社も成長、拡大し、事業所がどんどん増えていった。事業所開設のお披露目のパーティーにはきまって招待してくれたものだ。

営業担当とお客様という関係を超え、人間同士として息の長い関係を築く。お互い人生のいろいろな局面を乗り越えていくのを見守りながら、支え合う。それがＩＦＡという仕事の醍醐味だ、と彼女は思っている。

事業承継や相続もお客様にとっては深刻な問題だ。とくに相続問題は、お孫さんがいるお子さんとそうでないお子さんがいるなどし、不公平感が出やすい。また、妻と嫁の関係も、気を遣うところだ。

「あるお客様の奥様が亡くなられたとき、息子さんたちが私に連絡をくださったんです。『父があなたを気に入っていて、証券のことは全部髙松さんに聞きなさい。何でも教えてくれるからと言っている。自分たちとしては遺産を公平に分けたい。あなたの言う通りにするから、どうしたらいいか言ってください』と。日頃から、家族関係を把握していたからこそ、そのときはお役に立つアドバイスをすることができました。逆に、ご家族それぞれの内情を知りすぎて、うまくお話ができないこともあります。家族には教えていない資産があったりですとか。

本当は親子間で思い合っていらっしゃるのに、面と向かって言えなくて、コミュニケーションがうまくいっていないケースも見てきました。でも私が、本当はお父様、こんなふうに思ってらっしゃるみたいですよ、と、息子さんにお伝えするととても喜んでくださる。反対にお父様に息子さんの思いを教えてさしあげることもあります。

財産のことを含め、ご家族以上にご家族のことを知っている存在――それがＩＦＡなのかもしれませんね」

二人担当制だから気づくことも

現在のビジネスパートナーは、昔から同じお客様を担当するなど、髙松氏にとって二人三脚で仕事をしてきたよきパートナーだ。どちらかが突然倒れるようなことがあったとしても、片方がピンチヒッターになれる。独立したとはいえ、一匹狼では心細いが、よき相棒に恵まれていれば、俄然心丈夫だ。

「今後も二人担当で事業を広げていけたらいいな、と思っているんです。二人いれば、それぞれの経験、強みを活かし合える。気づくところも違います。

たとえば、お客様のご自宅を二人で訪問し、帰ってきてから話し合ってみると、それぞれ言うことが違うんですよね。たとえばパートナーはお客様の運用ニーズを汲み取るのが上手だけれど、私はお客様の好き嫌いを敏感に感じ取る。だから、提案するソリューションも全然違うんです。それぞれのバックグラウンドが違っているのですから、視点が違うのも当然なのですが」（髙松氏）

お客様からしても、二人担当がつくことでいろいろなニーズに対応してもらえることとなる。

「二人で組むことで、『1＋1＝2』じゃなくて、『1＋1＝3』、場合によっては『1＋1＝4』になる。それがとても面白いんですよね」

独立して3年。土台を築く期間は終わった。今後の選択肢のひとつとして、自分とパートナーのようなユニットを増やし、会社の規模を拡大することも考えている、と髙松氏。

また、ライフワークとして若い世代の人々の金融リテラシーの向上に役立つようなことにも取り組んでみたいと語る。お客様の「お金のパートナー」としての責任を、ビジネスパートナーとともに果たしていく。新しい構想を温め、ふくらませているところだ。

第5章

ＩＦＡのトップランナーに聞く、
仕事のスタイル・お客様とのコミュニケーション

地方で愛される地域密着型ＩＦＡ

湯浅真人氏（愛媛県今治市）と
森本佳奈子氏（徳島県徳島市）の場合

20代で大手を退職
IターンしてIFAに

証券会社を飛び出しIFAの道を歩く人々。中には都会から遠く離れた地方都市に根を下ろし、町の人たちとしっかり人間関係をつくりながら仕事を楽しむ人々もいる。

ここで登場する二人もまさにそんなIFAたちだ。

近所に格好の釣りスポットがいくらでもある。SHIPS㈱のCEOを務める湯浅真人氏にとっては文字通り楽園だ。目下、ハマっているのはイカ、メバル、キス。アオイソメなどの虫餌でなくとも、疑似餌で良型がヒットするのだ。ここに住んで正解だった、と再確認する瞬間だ。

前職の大手証券会社では、入社2年目にして社長賞を獲っている。その後、投資銀行部門に異動し、ジュニアバンカーとして経験を積んだ。当然、その将来を嘱望されていたが、あっさり会社を辞め、はるばる愛媛県今治市に移住、独立してしまった。結婚して長男が産まれたばかり、という普通なら考えられないタイミングでだ。

本人は泰然自若としている。

「考えられないタイミング？　むしろ、この年齢で退職したほうがリスクは小さいんじゃないですか。このまま大手証券会社に勤めていれば、40歳くらいで年収1000万円くらいは稼いでいるかもしれない。でも一方で、独立や挑戦に対してリスクをとれない環境になってしまい、収入を手放すことができなくなっているでしょう。やりたいことがあるのにできないまま年をとるなんて、考えただけでも恐ろしいですよ」

会社員を続けている限り、やりたいことをやるための余力は生まれそうになかった。とにかく仕事がハードだったからだ。出社してから翌日明け方まで働き続け、空が白み始める頃、タクシーに飛び乗って帰宅するという日もある。シャワーを浴びてベッドに倒れ込み、30分間ほど仮眠してから再び家を飛び出していく。同じ家に住んでいながら妻と会話することもなければ、産まれたばかりの我が子の寝顔をしみじみ眺める暇もない。

「出世をすることや、収入を気にしながら働くことが果たして本当の成功なのか？　と自問するようになりました。それより、楽しく働けること、自由な時間を持てること、家族と過ごせることが、自分にとっての〝成功〟なんじゃないか。そんなことを考え始めたとき、ＩＦＡという働き方があることを知りました。この際、東京を離れて、キャリアチェンジしようと決意するまでそう時間はかかりませんでした」

何かを捨てなければ、新しいものなど得られない――彼の言う通りかもしれない。

「僕のように出世よりワークライフバランスを重視する人間は増えているのではないでしょうか。ファーストリテイリングが週休3日制を導入して話題になりましたが、何かが確実に変わりつつある、という実感はありますね。働き方はひとつじゃないし、働く場所も大都市だけではないはず。いろいろな選択肢の中から自分の人生、キャリアに合ったものを選べる時代が到来しているんだと思います」

お客様とは家族同然のおつきあい

㈱みかたはいるの森本佳奈子氏も、徳島市という地方都市でＩＦＡになる道を選んだ。会社に縛られることなく、地域のお客様たちと、家族同然のつきあいを楽しんでいる。

「平日、お昼ご飯つくったから食べにおいでよ、と誘われご自宅に遊びに行くことはしょっちゅう。百貨店の買い物におつきあいしたり、スパでくつろいだりすることもあります」

かつては朝8時に出社し、夜9時、10時に帰宅するというのが日常のパターンだった。今は朝5時に起きると、経済報道番組「Ｎｅｗｓモーニングサテライト」を観る。それから愛犬の散歩に出かけ、帰宅して身支度。会社に行くのはたいてい12時過ぎである。午後はお客様と会うことが多い。大事なことは電話でやり取りせず、相手の顔を見ながら直接話すのが森本流という。

自分のペースで好きなことができる今の生活。手を伸ばせばそんな暮らしが手に入るなどと、がむしゃらに営業活動していた頃は思いもよらなかった。それもこれも、「お客様とじっくり永いおつきあいをする」という自らのポリシーを貫けばこそだろう。

地方だからできること 地方からできること

3・11後、2人のように、組織に縛られず自分らしく生きようとする人びとが増えつつある。目には見えないが自分にとって価値のあるもの――ゆっくりと流れる時間を味わうこと、家族や仲間と過ごすこと、社会に貢献することなど――を大切にしようと彼らは考える。

だが、そこでひとつの問いにぶつかる。「地方に食べていけるだけの仕事があるのか？」地方移住を考える人なら誰しも抱く疑問に違いない。

ＩＴ企業やベンチャー企業、アーティストなどは別として、産業の空洞化が進む地方で仕事を見つけるのは簡単ではないだろう。ところが、ＩＦＡの中にはあえて地方を拠点とする人々が少なくない。

その理由は総務省統計局の調査結果を見れば理解できる。国内の金融情勢に詳しいコモンズ投信㈱の代表取締役社長、伊井哲朗氏の解説によればこうだ。

「調査によると、１世帯あたりの金融資産がもっとも多いのはじつは香川県で１５９２万円。２位は奈良県、３位は徳島県、さらに岐阜県、福井県、広島県と続きます。36位の大阪府など７７０万円で香川県の半分以下です」

日本の資産は、じつは地方に集中している。つまり、ＩＦＡにとって、地方の潜在需要は大きいといえる。それにしても、地方の資産高がなぜそれほど多いのだろうか。

湯浅氏は今治市の印象をこう語る。

「大きな産業はなくても、事業家が多い町だから皆さんそれなりにお金は持っていらっしゃるんです。そこそこお金持ちで、そこそこ幸せ。そんな人たちが多いです」

伊井氏は「都会ほど消費が活発ではないという事情もある。日頃お金を使わず、郵便局や農協などに預けっぱなしにしている、という成熟世代は多いのでは」と話す。もちろん、地方といっても一様ではない。資産高の多い都市もあればそうでないところもある。

いずれにせよ、資産を貯めている地方の成熟世代は意外に多い。だが、前述したようにそのお金のほとんどは郵貯や農協などに〝死蔵〟されているのが現実である。

金融資産だけではない。山林や田畑、家屋など不動産の多くも、持ち主が亡くなれば放置され、価値が下がっていくだろう。子どもたちは大都市圏で働いているケースが多く、不動産を相続しても売却しづらいからと、放りっぱなしにしがちだ。そうなれば地方は人口が減るだけでなく、全体の資産も目減りして衰退してしまう。

だが、死蔵された資産がきちんと運用されたらどうだろうか。運用がうまくいけば家計が潤い、消費意欲も動き始める。地元の企業、商店街も活性化するかもしれない。つまり、国が掲げる「インベストメントチェーン（投資の連鎖）」を回すことが、地方創生のカギになるのだ。

だからこそ、地域密着型のＩＦＡの存在が重要性を帯びてくる、と伊井氏は強調する。先述したように、大手証券会社の営業マンはジョブローテーションや転勤で担当が変わりがちだ。しかしＩＦＡなら、森本氏のようにじっくりお客様とおつきあいができる。

「ときには、それこそ真夜中に電話がかかってきて『ペットの具合が悪いんだけど、夜中に開いている病院ない？』『さっきからお腹が痛いの。何の病気かしら』などと聞かれることも。そのたびに『いまから調べます！』って慌てて、インターネットで検索をしまくって……。自分でも何の商売をやっているんだか、と思いますね」

前職時代からのお得意様がほとんどなので、それぞれつきあいは長い。亡くなられ、娘さん、息子さんに取引がバトンタッチされたケースも少なくない。

「自らの死を前に、私のことを心配し電話をかけてくださったお客様もおられました。『余命は半年ぐらいだから、もうお金は入れられない。おまえはおまえで頑張れよ』という言葉が最後でした。13年前、初めてお会いしたときは、まさかそんな日が来るとは思わなかったのですが。ほかにも体調が急変されたお客様のご家族からお電話をいただくことは多いです。そのまま病院に駆けつけ、ご臨終に立ち会うこともあります」

血縁関係のないIFAが臨終に立ち会う――彼女がお客様からどれほど信頼されているかがうかがえる。「資産を委ねる」ということの重みが伝わってくるエピソードだ。

お客様一人ひとりと深く向き合う

IFAだからこそ、手厚くお客様をサポートできる。証券会社時代ともっとも違うのはその点だ、と湯浅氏も言う。

「前職で支店営業をしていたとき、担当顧客数は1150人ほどでした。それだけのお客様に一様にクオリティの高いサービスを提供するのはやはり難しいですよね。

今はお一人おひとりとじっくり向き合うことができます。わかることはその場でお答えしますが、情報収集が必要なものについては時間をかけて綿密に調べあげ、情報をご提供するようにしています。証券会社にいたら、『何をやってるんだ、そんな暇があったら営業しろ！』と怒鳴られそうですが。お客様が相談したいときに相談に乗れるよう、つねに態勢を整えられるのはありがたいですね」

投資家目線で提案できるのも、独立したＩＦＡならではの強みだ。

「○○社が△△証券主幹事で社債を起発するので、××銀行の定期が満期になっていれば、△△証券に申し込んではいかがですか」「○○社が新規上場します。新規公開株を××証券が引き受けますので申し込みましょう」といった具合である。

もちろん、地方の人々の信用を勝ち得るのは簡単なことではない。森本氏ももともとは高知県の出身だった。新人の頃は新規開拓を任され、毎日約１００キロ、車を走らせていたという。しかし、市内をどれほど縦横無尽に走り、何軒の玄関の呼び鈴を押そうとも、訪問先の反応は冷たかったそうだ。

徳島県民は、「堅実な常識人だが、慎重で隣近所も容易に信用しない」といわれる。森本氏のようなよそ者であればなおさらだ。高知から来た、と話しただけで相手の表情が硬くこわばる。そのことに気づいてからはあえて出身のことなど話さないよう注意したが、

「どこの高校を卒業したのか」などと問われれば、ありのままを言うしかない。長いこと成績は上がらず、会社では肩身が狭かったがなすすべもなかった。

「ところがあるとき、訪問先で奥様が丹精されているお花の話をしてみたんです。どうやってこんな見事なお花を咲かせていらっしゃるのか、と――。会話が弾み、打ち解けてやっと契約がとれました。ただの人間と人間の関係になること。それが地域密着型営業の極意だと思います」

そんなところも地方で営業するよさといえるかもしれない。

「金融のことなら○○家に聞け」尊敬される町のお金のご意見番

親子二代、あるいは祖父、息子、孫と三代で資産運用のコンサルタントとして活躍し、地域の信頼を集めているケースも地方ではところどころで見られる。

たとえば香川県高松市の佐々木惇一郎氏、大介氏親子がそうだ。父親の惇一郎氏は証券会社の外務員として働いており、その顧客を息子の大介氏が引き継いだ。兵庫県加西市の岡本一真氏はなんと三代目。祖父、岡本正氏の時代からオフィスを開き、町の金融の専門家として地域の人びとに親しまれている。

オフィスといっても自宅の一部を開放したもので、まるで地元のクリニックといった風情である。顧客はここをぶらりと訪れてはお茶を飲み、まるで風邪や生活習慣病の診療でも受けるように資産のことを相談する。加西市では、「金融のことなら岡本家に聞け」と言われているそうだ。アメリカでは代々、日本のIFAにあたる独立系アドバイザーが親から子へ事業継承する例が少なくない。日本でも今後、その傾向は広がっていくだろう。

なお、佐々木家、岡本家ともに、現在は第2章で登場した㈱アイ・パートナーズフィナンシャルに参加、それぞれ高松オフィス、加西オフィスとして地域にしっかりと根ざしたビジネスを展開している。

このように、地域に溶け込むIFAがいる一方、地方ならではの窮屈さを感じる人もいるだろう。信頼を得れば身内のように親しくしてくれるが、ミスをすれば町中に噂が広まり、営業しにくくなってしまう。証券会社の営業マンなら異動すればすむところだが、IFAはそうはいかない。だからこそ、責任感と緊張感を持って仕事に臨まねばならない。

また、金勘定ばかり得意で、人づきあいや人助けが苦手なタイプも地方での営業には不向きといえそうだ。たとえば大雪が降った翌朝、誰よりも早く表に飛び出していき、ご近所の家の前を雪かきできるか。町のお祭りの準備のために、プライベートの予定を変更しても奔走できるか。

仕事ができるかどうかも大切だが、地方の町ではそんな「人間らしさ」を持ち合わせていないと相手にされないだろう。

その点、森本氏にしろ湯浅氏にしろ、どこからが仕事でどこまでがプライベートなのかわからないほど町に、人に、密着して暮らしている。「ここまでつきあっていくらになるのか？」などと考えていたら、到底割に合わない。だが、彼らにとっては数字では価値を測れない、人々とのつきあいこそが〝宝〟なのだ。

できっこない夢を実現する

今、湯浅氏は50周年を迎える今治青年会議所に所属し、地域の人たちと子どもたちのためのプロジェクトを進めている。

この事業では、子どもたちがそれぞれ自分の夢を実現するためのプランづくりを教える。将来、何になりたいのか。何をしたいのか。それは何歳頃なのか。そのためにはどんな努力が必要なのか。そうやって、できっこないと思っていた子どもたちの夢を目標に変えてもらうのだ。

できっこない。東京で死に物狂いで働いていた頃は、彼もまたそう思っていたかもしれない。だが、思い切って夢を目標に変えた瞬間、すべてが動き出した。

町、人とともに生きることのできる幸せを今、彼は手にしている。

第6章

ＩＦＡのトップランナーに聞く、
仕事のスタイル・お客様とのコミュニケーション

複数のIFAが所属する組織のトップとして

中桐啓貴氏の場合

山一證券に入社一年目で廃業を経験

　ここまでは、おもに独立し、小規模な組織を展開するＩＦＡたちの事例を見てきた。だが、冒頭の福田猛氏や第２章の田中譲治氏のように一定規模の組織へと会社を成長させている人々もいる。

　ＧＡＩＡ（ガイア）㈱の代表取締役社長、中桐啓貴氏もそのひとりだ。日本橋の１Ｋマンションで、たったひとりで起業した彼も、今や18名のＩＦＡ、６００名の顧客、約２００億円の預かり資産を擁するまでになった。この章ではその足跡を追い、成功要因について考えてみたい。

「資産運用はマラソンと同じ。走りきったことに意味がある」

『敗者のゲーム』などの著書で知られるアメリカの資産運用の権威、チャールズ・エリスの言葉だ。石ころ道、坂道、悪天候の道——長距離のマラソンコースにはさまざまな難所があるが、名コーチがいれば、走りきることができる。大切なのはタイムではなく、支えてくれる誰かと一緒に走りきることなのだ。

その言葉通り、同社ではさまざまな難所――資産運用、相続、保険、不動産など――資産におけるあらゆる問題解決を請け負う。メインの事業である顧問FPサービスは会員制で、会員は半年に1回の定期面談を受けられ、ライフステージに合わせてプランの見直しを図る。ニーズをとことんヒアリングし、オールラウンドにアドバイスする彼らはまさに、長距離走のコーチのような存在といっていい。必要によっては、税理士、弁護士などの他士業と連携し、お客様の要望に応える体制を整えているという。

ただ単に資産を増やせばよいというものではない。何のために資産運用をするのかという夢やゴールをIFAが共有するためには、お客様のことをより深く知る必要がある。そのためには、お客様と長期的な信頼関係を築くことが何よりも大切だと中桐氏は考えている。

「ファイナンシャルプランニングによって世界中の人々の夢を実現する」。ガイアが掲げるビジョンだ。

中桐氏の転身の背景は、これまでの登場人物たちと同様にドラマチックだ。何しろ、そもそもの起業のきっかけは、中桐氏自身が経験した山一證券の倒産劇にあったのである。

「1997年、山一證券に新卒で入社して1年目の出来事でした。11月22日に日本経済新聞が『山一證券、自主廃業へ』というインターネットニュース速報を流したのですが、我々営業マンにとってはまさに寝耳に水。会社が危ない状況にあることは知ってはいたものの、富士銀行が救済するものと思っていましたから。お客様には『山一がつぶれたら日本がつぶれますよ』と言い、自分自身もそう信じていました。ですから、ニュースが流れるつい2日前にも、お得意様に100～500万円ほどに相当する山一の株を買っていただいていたのです」

想像した以上の騒ぎになった。だが、たじろいでいる暇はない。すぐお客様のお宅を一軒一軒おわびにまわった。しかし、何度呼び鈴を押しても、会ってくださる方はほぼいない。しかたなく、先輩と一緒に再度訪問し、玄関先で土下座して謝った。

会社に帰ると、支店の前には何百メートルものお客様の列ができている。飛び交う怒号に身を縮めながら、一件一件、クレームに対応する日々。電話も一向に鳴り止む気配がなかった。

ろくに睡眠もとれず土気色の顔で対応に追われる先輩社員たちを見て抱いたのは、「会社って潰れることがあるんだ」という単純な驚きだった。

四大証券会社のひとつであり、誰もがその名を知る山一證券。安泰と思っていた船が沈没し、海に放り出された人々のその後の運命はさまざまだったという。

うまく転職できた人もいたが、とくにスキルのない社員はなかなか働き口を見つけられない。1200万円程度の高額な年収を手にしていた中堅社員が、年収300万円、400万円と低い条件での転職に甘んじなければならない現実に、若い中桐氏は慄然とした。

日本のビジネスパーソンは「就職」ではなく、会社に人生を委ねる「就社」をしているだけと揶揄されるが、じつはそんな働き方ほど危険なものはないのだと思い知った。

もうひとつ心に刻まれたのは、なんといっても「お客様にご迷惑をおかけしてしまった」という慙愧の念だ。自分を信頼してくださった方々の支えになるどころか、会社の方針のままに商品を販売し、損失を与えてしまったことが悔しくてならなかった。

――証券業界はこのままではいけない。

その思いが起業人生の発火点になった。

米系証券で学んだこと

現在のガイアのモデルとなったのは、山一證券を退職後入社した当時のメリルリンチ日本証券である。

日本に進出して間もなくだった頃の同社に、中桐氏が共感した点はおもに2つあった。

第一にリスクの大きな投資ではなく、投資信託による分散投資を薦めていた点。これは、顧客の資産を長期的かつ堅実に殖やしていこう、という意図によるものである。第二に単なるセールスではなく、コンサルティング営業を行っていた点だ。

営業マンは顧客のライフスタイル、価値観、人生設計について徹底的にヒアリングを重ね、ニーズに合わせた投資アドバイスを行う。しかも、新規開拓はそれぞれ自分で担うというスタイル。DMからして、営業マンが自分で好きなようにつくることができる、という自由な社風だった。

とはいうものの、入社当初は日本での知名度が低かったということもあり、営業では苦戦を強いられた。ところがある日、会社の本棚を何気なく見ていた中桐氏は意外なものを目にする。

「外資系企業の役員総覧です。とっさに考えたのは、外資系企業の社員ならメリルリンチを知っているはずだ、ということでした。さっそく掲載されていた役員の番号に電話したら、驚くことにその場でアポイントがとれたのです。これは、とひらめき、名簿の人物全員にDMを送ったところ、面談の申し込みが何件も殺到しました」

自分で工夫して稼ぎを生み出さねばならない環境だったからこそ生まれたアイデアだった。

いったん弾みがつくと、アイデアはひょんなことから次々に湧いてきた。たとえば、ストックオプションを行使した外資系企業の役員がこうこぼしていた。「自分で小切手を現金にするのは、時間もかかるし手数料もいる。何とかならないか」。

「絶対ビジネスになると思いました。すぐ、アメリカのメリルリンチで現金にし、直接、日本のメリルリンチの口座に振り替えるシステムをつくってほしい、とかけあったんです。直ちにプロジェクトチームが立ち上げられ、日本の口座での受け取りが可能になりました。DMでこのことを告知したところ、すごい反響で。おかげさまでたくさんの米系企業の役員が、メリルリンチ日本証券に口座を開いてくださったんです」

こうして入社3年目にして1200人中1位というトップの営業成績を獲得し、最年少でシニア・ファイナンシャル・コンサルタントに昇進した。

ビジネスは自分の工夫次第で成長させることができる――この経験とメリルリンチで学んだ営業姿勢は、中桐氏にとって大きな財産となった。

会社の設立を思い至ったもうひとつの重要なきっかけが、アメリカのファイナンシャルアドバイザー（FA）たちとの出会いだ。お客様のファイナンシャルプランニングをするにあたり、退職後の人生設計、子どもの教育、相続と人生まるごと相談に乗り、何十年間にもわたって信頼関係を築いている彼ら。研修先で知り合いになったＦＡの中には、預かり資産１００億円単位という実力派もいた。その洗練された知的な雰囲気に、日本のいわゆる〝株屋〟と全然違う――と思わず息をのんだものだ。

「こんなこともありました。２００３年、ＭＢＡ取得のためアメリカ留学したとき、大学院の教授に大変な資産家がいたのです。『どうやって資産を築いたのですか』と聞いたら、『運用で増やした。素晴らしいアドバイザーがついていてくれたおかげだ』と即座に返事が返ってきました。アメリカでは、ＦＡは医師や弁護士と同じように尊敬される存在なのだとあらためて感じました」

現ＳＭＢＣ日興証券のＩＦＡ事業を知ったのは、帰国した２００５年のことだった。当時、日興證券では個人や法人のＩＦＡと委託契約を結び、第三者的な立場からお客様にアドバイスできる対面営業チャネルを設けていた。あまり広く知られていなかった事業だっただけに、友人からこのことを聞いたときは、思わず胸が躍った。憧れていた仕事に就くチャンスがようやくめぐってきたのだ。

これからはアメリカで起きているようなシフト――大手証券会社から独立系証券会社へのシフト――が日本でも必ず起こる、と睨んでいた。

「アメリカではリタイアメント層を中心に、自分のライフプランに基づいた資産運用設計を行い、ポートフォリオを組んで長期的に運用を行うことが主流になっています。一方の日本では、金融機関側の営業戦略によって、短期的に商品を乗り換えさせる、いわゆる回転売買が行われ、個人が長期投資を行うことが難しくなっています。当時はそれで痛い思いをしているシニアの方々がたくさんいました。日本でも正しい長期資産運用の考え方が根づけば、得た運用益を自分自身にとって大切にしたいものや時間に使うことができる。そういうお客様の人生をより豊かにするお手伝いをするのがIFAの仕事であり、そういうIFAを日本にもっと増やしたいと思いました」

営業しなくても
お客様を集められる会社にしよう

2005年9月、IFAとして独立した。外資系金融機関からのヘッドハンティングも断った。年収2000~3000万円にはなるはずだったそのポストに未練はなかった。自分の会社をつくり、従業員とともに成長と幸せを分かち合うほうが、はるかに楽しいに決まっているからだ。

当初はひとりでガイアを設立したが、その後、ある人物との思いがけない出会いが事業拡大のきっかけとなった。

とあるパーティー会場で出会ったデザイナーである。人生観や趣味に共感できる。話題が尽きず、とにかく一緒に飲んでいて楽しい相手だ。

「彼が名刺のデザイン、ブランディングもしているというので、さっそくお願いすることにしたんです。その流れで、会社を立ち上げたいきさつや、ＩＦＡに対する思いなどを語ったところ、彼がいたく感銘を受けてしまって。名刺デザインだけでなく、会社の立ち上げを手伝わせてくれ、と言い出しました」

元証券マンとデザイナー。なんとも不思議な組み合わせだが、いざ一緒に仕事をしてみると、やることなすことアプローチが違っていた。

「小さな事務所を借りて、いよいよ本格的に事業を始めるぞというとき、『じゃあ明日、朝９時ね』と言ったら、『僕、ラッシュアワーの電車ってダメなんですよ…』って（笑）。証券マンだった自分には、彼の発想は新鮮なものに映りました」

バックグラウンドのまったく違う二人の一致した意見は、「営業しなくてもお客様を集められる会社にしよう」というものだった。「長期分散投資で堅実に資産を殖やす」というガイアの方針に興味を持ったお客様が、向こうからやってくるようなＰＲ活動をすればいいのだ。

手始めに、取り組んだプロジェクトが傑作だった。なんと人形劇のＤＶＤを作ったのだ。

脚本は中桐氏、人形はデザイナーの担当である。東インド会社から始まる投資の歴史を紐解き、誰でもその仕組みがわかるような内容にした。

完成したものを、「研修に使ってください」とあちこちの企業の人事部に送ったが、残念ながら、採用されることはなかった。ただ、「お客様自身に投資について理解していただく」という、大切な方針を共有することができたという。

中桐氏はほかにもいろいろな新手の集客活動を考え出した。ワインとファイナンシャルをかけた「ワイナンシャルセミナー」を企画したりもした。ワインは実際に飲んでみなければ美味しいかどうかわからない。また、品種や畑、土壌、歴史もそれぞれ違う。1本のワインボトルには、じつは多元的な世界が凝縮されているのだ。この点は投資も同じである。

サラリーマン時代には思いつきもしなかったことにチャレンジできるのが、中桐氏には楽しくてならなかった。しかし、顧客はゼロの状態が続いた。

鳴かず飛ばずのガイアの名が世に知られるきっかけを作ったのは、一冊の本だ。

「これもまたパーティーで出会った編集者と仲良くなり、『中桐さんのブログはなかなかおもしろいですね。よかったら投資の本を書きませんか』と提案されたのです」

会社を設立して半年経った頃のことだった。相変わらず顧客はゼロのまま。家賃や通信費などで資本金1000万円は目減りしていく。もちろん、給料などない。

それだけに編集者の言葉は一筋の光明に思えた。

「これが売れなかったらもう会社をたたむしかない」

背水の陣の心持ちで執筆に臨んだ中桐氏は、来る日も来る日も原稿と格闘した。書き上げるのに半年はかかっただろうか。脱稿したあと1週間は疲労困憊状態で、会社に出勤してもソファに倒れこみ、起き上がれなかったほどだ。出版祝いの夜はいつにもましてグラスを重ね、ひどく泥酔した。それほど本に賭ける気持ちが強かったのだ。本のタイトルは『会社勤めでお金持ちになる人の考え方・投資のやり方』(クロスメディアパブリッシング)である。

この本が当たった。1週間で増刷がかかり、約6カ月で3万部が売れたのだ。それを読んだ全国の読者から、「著者に会いたい」とメールが寄せられた。

本のタイトルを銘打ったセミナーを開催すると、20名超の人数が集まった。中には、はるばる大阪から早朝の飛行機に乗って東京の会場に駆けつけた参加者もいたほどだ。雑誌の取材も増えていった。それを読んだお客様からまた問い合わせがくる。こうして顧客は増えてゆき、経営はようやく最初の一歩を踏み出せた。

18人のIFA、600人の顧客 預かり資産200億円

そのころから社員も採り始めた。集客活動は順調に進んでおり、ひとりではとうてい対応できないほどお客様の数が増えていたからだ。問題は人材育成の方法である。

「注目したのが、当社が代理店となっているソニー生命の研修です。ニード（お客様のニーズ）には顕在ニードと潜在ニードとがあるといわれます。真の顧客満足のためには、潜在ニードをいかに引き出し、それをどう満たすかが問われます。彼らの営業手法はまさにこのニードセールスにのっとったもの。ですから最初は一切、商品の話はしないんです。お一人おひとりのライフステージ、価値観をしっかり汲み取ることを徹底しています。証券会社が一方的に自社商品を薦めるような、従来のプロダクトアウト的な手法とは真逆ともいえるスタイルで、非常に衝撃を受けました。まずは自分で研修を受け、その後、社員全員に研修を受けてもらうことにしました」

2011年、新卒採用で若手が入ってきたことにより、意外な展開も生まれた。彼女の

提案で、少し大きめの記事広告を出すことにしたのだ。

投資信託見直しセミナーは、保険を見直すように保有している投信を見直そうという、ガイア独自のセミナーだ。それまでは新聞広告を出していたが、お客様からの問い合わせ数が思うように伸びなくなっていた。そこで、思い切った広告を出そうと会議の席で突然言い出したのだ。

ダメでもともと。とにかくやってみようというので記事広告を制作したところ、掲載されたとたん、問い合わせが殺到。電話が鳴り止まなくなった。

「200人くらいのお客様から引き合いをいただきました。当時、株安・円高だったこともあり、投資信託で含み損を抱えていた人が多かったのです。ちょうどギリシャショックもあり、欧州の債務危機が起こったばかり。証券会社の担当者もバツが悪いのか、お客様と連絡するのを避けていた様子だったので、なおさら反響が大きかったのかもしれません」

若手が入ってきたことで、会社に新しい風が吹き始めたのだ。

お客様に寄り添い お客様と共に歩んでいく

マンションの一室からスタートしたガイアも、今では新宿のビルにオフィスを構え、I

FAを含む26人の従業員を抱えるまでになった。2013年からは、IFAがお客様との面談業務だけに集中できるよう、外資系企業のマーケティングやPRエージェンシーで経験を積んだ人材などを採用し、組織化を進めた。

さらに、お客様と長期的な信頼関係を築くために、お客様との接点を深める取り組みも始めた。IFAとお客様とのコンタクト頻度を増やすことはもちろんのこと、絵画やクルーズ旅行のセミナーなども開催。2015年には日経新聞の1面に紹介され、話題になった。

既存の金融機関には転勤がつきものだが、ガイアには転勤がない。これもお客様と長期的な関係を築くためだ。長いつきあいともなるといろいろなことがある。ガイアに相談に来てから、マーケットに一喜一憂せずよく眠れるようになり、自分の好きな趣味に集中する生活が送れるようになった人。退職後、念願の塾講師の仕事につくはずだったが、急に奥様を亡くされて意気消沈してしまい、無気力になってしまった人……。苦楽を共にすごすような時を重ねることで、お客様が新しいスタートを切れるようになったときは、心からこの仕事をしていてよかったと感じる瞬間だ。

世界中から3000人以上のIFAたちが集まる、アメリカのFPAアニュアルカンファレンスに中桐氏は社員とともに毎年、参加している。

「あちらではFPビジネスを〝our industry〟――我々の産業、と呼ぶんですよね。ひとつの産業としてはっきり存在感を示していることに感銘を受けました。日本の従来の証券業界は販売手数料が大きな収益源となっています。必要以上に頻繁な売買をすることでお客様は負担を強いられており、日本では大きな課題となっています。しかし、アメリカでは販売手数料をとらず、お客様の残高に応じた手数料体系をとることが増えています。お客様の残高を積み上げることによって、利益を出しているんです。日本の我々も〝industry〟をめざさなくては」

その思いは社員たちも同じだ。

同社のようなベンチャーが増えることで、日本のIFAたちもまた、新しい〝industry〟を作り上げていくにちがいない。

第7章

ＩＦＡのトップランナーに聞く、
仕事のスタイル・お客様とのコミュニケーション

若い世代を多く顧客に持つ

岩川昌樹氏の場合

イベントやネットで集客
お客様は〝貯蓄マインド〟を持つ女性が大半

さて、ここまではおもに成熟世代を中心とした資産運用層、その次のクラスの資産形成層を顧客としているIFAを見てきた。実際、IFAのターゲット顧客はこうした層の人々が多い。だが、彼らにとって未開拓の市場がある。投資未経験者が多い、さらに若い世代の層だ。

はしゃいでいる子どもたちや、30代くらいのママ友同士らしきグループがさかんに行き交う。2015年8月、「ママキッズフェスタ.in幕張」の会場では、住まいや子どもたちの食育などさまざまなテーマのイベント、セミナーが催され、関連企業のブースが並んだ。会場の一角には、資産に関する相談コーナーもある。

その中のひとつ、FPブレーン㈱代表の岩川昌樹氏のブースには20名以上の主婦たちが集まり、彼の話に熱心に耳を傾けていた。

「教育資金というと、みなさん学資保険を思い浮かべますよね。しかし、投資信託などを利用する方法もあるのです。未成年のお子様に向けたジュニアNISAもスタートします。

投資のメリットはさらに広がるはず。学資保険とジュニアＮＩＳＡ、みなさんのご家庭にはどちらが向いているのか。ライフプランに合わせた賢い教育資金の準備の仕方を、これからご一緒に考えていきましょう」
「投資といえばギャンブル、というイメージを抱いていませんか。その捉え方は間違っています。成功を狙い撃ちすれば失敗する確率も高まる。タイミングや相場観に頼るのではなく、じっくりと寝かせて長期的な収益を上げていきましょう」

証券会社、生命保険会社を経て独立した岩川氏はファイナンシャルプランナーの資格を持つ。そのせいか、彼の声は自信に満ちており、聴く人を納得させる説得力がこもっていた。証券会社、保険会社の双方の商品に通じており、ワンストップでライフプラン、家計の問題解決にあたる、というのが彼の強みである。

一般に資産関係のセミナーといえば、潤沢な資産を持つ成熟世代が集まるものだが、この日のイベントは母親向けとあって当然違う。ほとんどが30代を中心とする若い資産形成層であり、子育て中の主婦だ。

女性たちの来場のきっかけはさまざまだが、「子どもの教育、住宅取得、老後に向けて資産を形成したい。でも、誰に相談していいかわからない」という悩みはみんな共通している。

あらためて、30代の年齢層の特徴を見てみることにしよう。

金融広報中央委員会の調べによると、30代の平均貯蓄額はたったの379万円だ。中央値はなんと200万円に過ぎない。さらに金融資産を保有していない30代は30%近くに上るという。

年金も当てにできない世代である彼らこそ、投資による資産形成の必要性がもっとも切迫している層といえるだろう。

それに薄々勘づいていながらも、金融知識がないために手も足も出せない若い人々は多いに違いない。このままでは将来、日本には資産もなく、年金もなく、生活のため仕事に追われる高齢者が溢れかえることになる――。

しかし、その一方で3000万円以上と、ある程度の規模の資産を持つ若い人がいるのも、また事実なのである。

「こうした方々にはじつは共通点があります。それは、〝貯蓄家〟である、ということです」

岩川氏の言う貯蓄家とは、必ずしも高所得者ではない。収入の多寡にかかわらず、長期にわたって貯蓄できるマインドを持った人たちを指すという。

反対に、貯蓄マインドのない人はどんなに年収が高くても、お金を貯めることができない。物欲の誘惑に勝てず、貯蓄プランなどそっちのけであれこれ買い込んでしまう。高級車を乗り回すような、一見資産家に見える人たちが、本当はローン地獄に陥っていたりするのだ。

貯蓄家は収入が上がろうが下がろうが、しっかりと家計をコントロールし、着実に貯蓄を継続することができる。同じ若い層でも、ＦＰブレーンがターゲットとするのはこちらのタイプの人々だという。

子どもの手を引き、ママ友たちとセミナー会場を訪れる女性の中にも、そんな人たちが混じっているのだ。

お客様と一緒に走るパートナーになる

だが、単に貯蓄するだけでは、不透明な未来を生き抜くのに十分な資産を形成することはできない。正しい知識、判断に基づく投資が必要だ。

彼が薦めるのは、国内外のインデックスに連動するパッシブファンドへの分散投資である。短期的な値上がりに期待してアクティブファンドを薦めるアナリストは多いが、もっと投資の本質的な部分に重きを置いて、腰の据わった資産運用を行ってほしいという。

「住宅ローンを借りれば、金利を上乗せして返さなければなりません。一方、銀行に預金をすれば、わずかではありますが金利が上乗せされます。このように、資本主義はお金の貸し借りによって成立しています。大切なのは、誰にどんな形で貸せば、安全、かつ上乗せして返してもらえるか、です。

日本を含めた世界の上場企業や国に対して満遍なくお金を貸す——国内外の株や債券に分散投資する——ことで、長期的に資産形成が成立するというのが私の考えです。目先の価額の上下を評価することも大切ですが、それによって安易に銘柄やタイミングが左右されるようでは本当の投資とは言えません」

多くの証券会社営業マンは株価が下がると「今が買いどきだから」と別の商品に買い替えさせ、それがまた下がると、「これはダメだったからあっちにしましょう」とまた買い替えを薦める。上昇したらしたで、「上がっていますから買いましょう」と煽るようなことを言う。やがてみんな、一種のパニック状態になる。結果的に、高く買って安く売る人たちが増えてしまい、「投資は投機」というネガティブなイメージが強まってしまう。

これに対し、岩川氏は「同じファンドを一貫して持ち続けましょう」「余裕資金があれば買ってください、無理して買う必要はありません」と言い続ける。

「もちろん、株価が下がるたびに不安に襲われるのはやむをえないことです。本や雑誌を読んでどんなに研究して『待てばいいんだ』と思っていても、やはり待ちきれず、売ってしまう。だから伴走して、安心させてくれる人が必要なんですよ」

この場合、ＩＦＡは伴走者、もしくは同乗者といってよいかもしれない。投資は車の運転と同じだ。もしも無免許で運転したとすれば――車は運転する人、同乗する家族の命を奪う凶器になる可能性もある。好調なときはいいが、悪路や悪天候のときは大事故を引き起こしかねない。だからこそ運転免許証の取得の際には、教官が車に同乗し知識を与えなければならない。ただその際必要なのは、運転技術や交通知識など。エンジンの構造の知識はあまり役には立たない。

具体的に言えば、エンジンの知識にあたるのはポートフォリオの組み方などだろう。自分で複数の投資信託を購入しポートフォリオを組めばコストも低く抑えられるといわれるが、現実的には税金やコスト、手間（リバランスなど）の問題を考えると、一般の人が忠実に実行できるかは疑問だ、と岩川氏は話す。

大切なのは、人はそう合理的には行動できないということを理解して、見えないリスク、教科書には書かれていないが現実には起こりうるリスクを知ることなのだ。

なぜ、よいお客様だけが集まるのか

比較的若い層、しかも女性がセミナー客というFPブレーンだが、おもな集客方法は実はセミナーではなくインターネットである。

インターネットで集客するIFAは、まだそう多くない。しかし、同社は2003年の設立以来、インターネットで新規顧客数を増やし続けている。ほかに新聞広告を打つわけでもなければ、地方各地の都市を行脚し、セミナーを開くわけでもない。それなのに「資産形成のアドバイザーならこの人」と、インターネットを通じてアクセスしてくる人が後を絶たない。

その秘密は、ホームページの作り方にある。一見したところ、さほどビジュアルに凝っている印象はないが、投資に対する考え方や知識について、しっかり情報発信している。

たとえば、「投資信託の基礎知識と考え方」「投資信託学習帳」といったコーナーを設け、投資信託の基礎知識から典型的な失敗パターンまで紹介、初心者でも投資信託のことがわかるよう工夫している。

長期投資に対する自分の考え方、知識をしっかりアピールすることで、読み手を〝フィルター〟にかけることもできる、と彼は強調する。

「見栄えはよくても簡単に作ったホームページだったら、冷やかしだけの人が入ってきたことでしょう。でも、正しい情報をきちんと提供していると、それを読み込んで連絡してくださる方がちゃんといる。そういう人は真剣に投資について考えていますし、自分なりに勉強もしています」

ホームページに問い合わせしてくる人の9割以上が同社のお客様になるそうだ。

ちなみに、検索キーワードで多いのは「投資信託　相談」「投資信託　失敗」など。失敗しないための記事、失敗をリカバリーするための記事が多いせいもあるが、それだけしっかり勉強して投資に臨もうという読者が注目していることが窺える。

プロの立場から読者のさまざまな疑問に答えるサイト「専門家プロファイル」にも執筆しているため、インターネットの記事を書く機会は多い。それが自分の勉強にもなっている、と説明する。

「インターネット記事の読み手の中には、ものすごくマニアックな人もいます。細かいことを指摘されたり、質問されたりするので、こちらも一から基本を勉強しました。

たとえば統計学などもきちんと学び、システムを操作してみるなど、おかげで一通り勉強をしましたね」

インターネットで集客しているだけあり、同社のお客様は沖縄から北海道まで、全国にいる。「アドバイスの品質に距離は全く関係ない」と岩川氏。実際、電話やメール、スカイプなど、こまめに連絡を取るうちに、お互いのプライベートに触れる機会も多く、家族ぐるみで親しくおつきあいする人も少なくない。

「たとえば、家族ぐるみでお付き合いさせていただいている、沖縄在住の方がおられます。以前から株投資をされていたのですが、リーマンショックで損をなさってしまい――。相談相手を求めてある投資セミナーに足を運んだところ、結局、そこで展開されたのは生命保険会社の営業トークだったというのです。誰にアドバイスを仰げばいいかわからなくなり、困り果ててしまったとのこと。インターネットで検索するうち、当社のホームページにたどり着いたそうです。

以来、基本的には電話とメールで、積み立てと債券のアドバイスをさせていただいています。コミュニケーションをとるうち、お互い楽しい関係を築くこともできました。沖縄旅行に行けばご主人も交え、一緒に食事をしたりします。書類手続きのために上京されたときは、横浜市に在住されているお母様にお子さんを預け、会ってくださったこともありました。『メールと電話しかしたことのない人にお金の相談をするなんて。出会い系サイトじゃないの』とお母様が心配されたとか（笑）」

北海道でお会いしたお客様からは、その後、こんなＬＩＮＥのメッセージが届いたという。

『私は、人に恵まれて、人に助けられて、ここまで来られたと思っています。昨日お話しできて、少しですが岩川さんの思いに触れて、すごく共感できました。そんな気持ちでお金に向き合っている人もいるんだなぁと素直に思えました。会えてよかったです。たぶん、不安になってないか、ずっと気にしてくださってたんですよね。たくさんいる顧客さんも、きっとそういう岩川さんの態度に感謝して安心していると思います。

これからも、末永くよろしくお願いします』

全国のお客様との出会いが自分の人生の豊かさ、楽しさにつながっている——若い世代の資産形成のお手伝いをしながら、ともに人生を歩んでいる手応えを彼はつかんでいるようだ。

チラシを配っても反応ゼロ

第6章のガイア㈱の中桐氏のみならず、独立・起業したての頃は、集客や採用に苦労することもある。

ここで、第1章で登場した福田猛氏の会社設立当初のいきさつを、追ってみることにしよう。

大手証券会社を退職した福田氏は、2012年10月、自分と妻を含めたった3人でファイナンシャルスタンダード㈱を設立した。翌年3月、IFA部門をスタートしたが、当初は顧客ゼロという状態だった。証券会社時代のお客様には、あえて声をおかけしなかったのである。大手証券会社の営業マンの自分ではなく、IFAの自分に資産を任せよう、という方とお取引したい――その一念からだった。

しかし痩せ我慢にも限界がある。サラリーマン時代のように定期的な収入があるわけでもなく、このまま手をこまねいていれば、いずれ3人共倒れになってしまうのは目に見えていた。

――IFAの認知度はあまりに低い。このまま誰からも顧みられることなく、会社は潰れてしまうのやないか。

サラリーマンが行き交う都会の雑踏を歩くと、自分だけが見知らぬ国から来た異邦人のようにも思えて、孤独感に襲われた。

「考えあぐねた挙げ句、チラシを配ることにしました。2000枚刷って、スタッフみんなで手分けして港区中心に足で回り、一枚一枚ポストインしたのです。麻布、白金台、六本木――高級マンションや一戸建てを探して歩きました」

足を棒にして回ったものの、結局申し込みはゼロだった。

現実は思ったよりはるかに厳しそうだ――慄然とした福田氏たちは、今度は新聞の折り込みチラシにチャレンジすることにした。2000枚、3000枚では効果がないと、思い切って4万枚を刷ることにした。

「大金を投じて、もしお客様がひとりも来なかったらどうするんだと、さんざん迷いましたし、議論もしました。でも結局、実行したんですね。案の定、返信はがきは1

枚も返ってきませんでした」

そのまま月日が経ち、いい加減あきらめかけた頃のことだ。いつものように福田氏と一緒に出社した妻が、事務所のポストを開けて目を丸くした。

「来た！　ねえ、来たよ、返信はがき」

「あっ、本当や」

たった1枚のはがきだった。それでも2人は思わず知らず手を取り合っていた。

――ＩＦＡの存在意義、役割がやっと世間に理解されたんや。

退職して初めて得た手ごたえに、福田氏の胸は躍った。

ＩＦＡへの応援の輪が広がる

チャンスはそこで途絶えることはなかった。知り合いの税理士、会計士たちが、お客様を紹介してくれ、徐々に取引が広がっていったのだ。

「僕が起業するんだ、ＩＦＡの会社を立ち上げるんだ、と話すと共感してくれた人々が『じゃあ、応援してやろう』と、ツテをあたってくれる。またそこで共感してくれた人が知り合いを紹介してくださる――そんな連鎖が生まれていったのです。自分のやろうとしていることを応援してくださる方がこんなにいるんや、とあらためて驚きましたね」

従来の金融業界のあり方、仕組みに対し、それだけ多くの人が疑問を抱いていた、ということだろう。

紹介のほか、セミナーに参加し、そのまま取引を申し込んでくださるお客様も増えていった。セミナーの告知はメルマガなどのほか、新聞、雑誌の広告などが主だ。成熟世代の富裕層を読者ターゲットにする媒体を選んで載せるようにした。

「やがて月に3回ぐらいセミナーを行うようになりました。参加人数は毎回30人ほど。そのうちの6割の方からお申し込みをいただいています。会場にいらっしゃる時点でかなり関心を持っていらっしゃる、ということですね。

集まってくるのは、証券会社や銀行で対面取引をしていたけれど、不満を持っていらっしゃる方やネット証券で自分で取引しているけど不安のある方など。金融機関のセミナーに行くと、セールスされるのがわかっているので、当社のようなセミナーを聞いてみたかった、という声が多いです。

ネット取引をされている方も多く参加されます。投資についていろいろ調べはっていても、わからないことはたくさんある。だからずっとプロのアドバイス、しかも第三者的な立場からのアドバイスが欲しかった、とみなさんおっしゃいます」

大手の看板がなくても
お客様が増える理由

数億円単位の資産を預けてくださる方もぽつぽつ出てくるようになった。

「他社に預けていたお金をすべてこちらに移管された方もいらっしゃいます。5億円、6億円という金額を、大手証券会社ではなく、当社のような小さな会社に任せてくださるということ自体、考えてみればすごいことですよね」

まだ30代と若く、大手企業の看板も持たない福田氏に、お客様が資産運用のアドバイスを委ねる理由とは何だったのか。

大きく2つある。ひとつはお客様のご要望、意向を徹底してヒアリングする姿勢だ。証券会社の営業マンは自社商品のセールストークを熱心にするが、IFAは違う。お客様の投資に対する考え方、価値観、家族構成、人生計画などにとにかく真摯に耳を傾ける。IFAの役割は、お客様一人ひとりの人生を資産面から支えることに尽きるからだ。

もうひとつの理由は、彼のアドバイスが持つ〝説得力〟にある。

なぜ、それまで持っていた投資信託ではなく、違う商品のほうが向いているのか。真摯に語る姿勢、筋の通った解説に思わずうなった人は一人や二人ではないだろう。

「一般的な投資信託の営業トークとは違いますね。『2016年にブラジルでオリンピックが開催されますから、ブラジルに投資しましょう』などと、一見わかりやすい投資を薦める営業マンは多いと思います。しかし、彼らが販売しようとしているのは大抵、ハイリスクハイリターン商品なんです」

わかりやすい物語に合わせて投資するこの手法は、ストーリー運用といい、多くの営業マンが活用するが、けっして堅実ではないと福田氏は言う。ストーリーに惹きこまれたところで、「この投資信託は分配利回りが20%です」などと説得され、つい買ってしまうが、結局、損をしてしまう人が後を絶たない。

そんなお客様に福田氏はズバリこう斬り込むという。「そもそもそんなリスクを取る必要があるのでしょうか」

「40%上がるかもしれない商品は、40%下がるかもしれない商品ですよ。つまり今、投資している商品は元本割れする危険性が高い、ハイリスクな商品なんです。リスクを承知でリターンを狙いたいのですか」

すると大抵のお客様は考え込み、「いや、そんなことはない。3、4%で回せればいい」と答える。

そこでさらに福田氏は、投資信託の世界は玉石混淆であること、うかつに手を出すと手痛い目に遭うものもあるが、よく探せばきちんと付加価値を提供してくれる商品もあることを語る。

「安全パイとして、日経平均、東証株価指数に連動するインデックスファンドなどを薦めるファイナンシャルプランナーの方も多いですが、私の考えは違います。相場と一緒に動くわけですから、上がるときは上がるけれど下がるときは確実に下がってしまいます。

長期的に見て、もっとパフォーマンスのよい商品はほかにもあります。ハイリターンを狙っているのでないのなら、それらと賢く組み合わせるべき。また、相場が下がるときには守りの運用に切り替えるなど、臨機応変なメンテナンスも必要です。

環境変化の激しい時代なので、投資信託を買って安心するのではなく、やはりプロのアドバイザーと相談しながら中長期的な運用をしてほしい、と話すと大抵の方にご納得いただけます」

また、同じアクティブファンドでも選び方が間違っているために、不安を抱えているお客様は少なくない、と福田氏は説明する。「今は運用がうまくいっているが、これから先はどうなるのだろう」「アメリカが利上げしたらどうなるのだろう」などだ。

これらの声にも福田氏は明快に答える。

「そもそも不安になるような商品を持っていることが問題なのです。しけになるたび、転覆する船に乗るようなものですよ。リスクの少ない投資信託を買って、現金比率をそこそこ維持していれば、それほど心配する必要はありません。同じアクティブファンドでも、環境変化に左右されにくいファンド、ファンドマネージャーがきちんとメンテナンスしてくれるような商品を選んでお薦めしています」

お客様一人ひとりに
オーダーメイドのアドバイスを

同社のもうひとつの魅力は、豊富な商品ラインナップの中からお客様一人ひとりに合わせた組み合わせをオーダーメイドできる点だろう。

最近、大手証券会社が力を入れているファンドラップは、日本株何%、世界株何%などと配分比率が決まっており、比率がずれると自動的に調整されるだけだが、完全にオーダーメイドなら比率の縛りはない。たとえば楽天証券の投資信託は2080本（2016年1月現在）あり、そこから自由に選び、組み合わせることが可能だ。

不動産会社や税理士事務所、会計事務所などと連携しており、あらゆる相談の窓口となり、ワンストップでさまざまな金融のサービスを提供できることも、強みといえる。

「たとえば、相続のご相談があった場合、我々はまず、税理士さんと一緒に、そのお客様の資産のバランスシートをつくります。相続税は将来、発生する支払いですから、バランスシートの右側、負債の欄に入るわけですね。全体のバランスで見たときに左側の固定資産の不動産の比重が大きいようなら、そこを減らしてはとご提案し、不動産会社と連携してアドバイスをします」

ＩＦＡならではの強みをフルに発揮し、資産形成・運用の力強いサポーターとして歩みだした福田氏たち。彼らの起業物語の続きは、また後の章で述べることにしよう。

第8章

ＩＦＡのトップランナーに聞く、
仕事のスタイル・お客様とのコミュニケーション

成熟世代の女性の不安に寄り添う

山田勝己氏の場合

九州から東京まで
全国に支店を拡大

前章で紹介した岩川氏は年金ゼロ世代ともいわれ、将来に不安を抱える30代の資産形成層の顧客を多く抱えていた。しかし、先行きに不安を抱えているのは資産形成層だけではない。成熟世代の女性、なかでも単身者は、男性に比べ長生きすることもあり、将来の見通しを立てづらいところがある。その不安に応えるのがＣＳアセット㈱の代表取締役会長の山田勝己氏だ。

ＣＳアセットが設立されたのは２０１２年11月。山田氏が妻とともに設立した会社だが、立ち上げて3年経たないうちに名古屋、東京、大阪、和歌山、岡山、高松、福岡と急速に支店数を拡大した。

こう、と決断したらすぐ動くのが山田氏の流儀だ。

「フィーリングを摑んだらあとは実行するだけ。最初、大阪支店をつくるときは、すごく迷ったのですが、一回設立してみると思っていたより難しくないことがわかりました。僕ひとりでＩＦＡを始めたとき、初月の売り上げがそこそこあったので、支店の敷金、礼金、さらに社員の社会保険料や給料を差し引いてもやっていけるのではと。実力のある人が増えれば、その分、売り上げも増えるはずです」

各支店の支店長はいずれも前職時代の先輩たちである。年齢も50代の山田氏より10歳近く上だ。やりづらくないか、と思いきや「全然そんなことはないですよ。今まで通り、部下のように接すればいいだけです。経験のある人にいろいろ教えてもらい、支えてもらったほうがいいに決まっているじゃないですか。コンプライアンスなどもしっかり押さえてくれますしね」とあっさり笑う。

つきあいの長いお客様を地域に多く抱えている経験者が増えれば、まさに鬼に金棒といったところだろう。

運用だけではない
成熟世代の悩みに寄り添う

地域密着型で支店を次々に展開していく同社のお客様は、多くは60代、70代の成熟世代の女性という。

「ご主人が早くに亡くなられたり、お子さんたちもそれぞれ独立して地元を離れている方が多いですね。やはり女性のほうが長生きするので、不安を抱えている人も多いのでしょう。ですから、お一人おひとりとなるべくまめにお会いするようにしています。ずっとひとりで引きこもりがちだった方が、旅行に行きたいとおっしゃるので、社員と3人で北海道を旅したこともあります。美術館めぐりがお好きということで、あちこちの美術館をご一緒に訪ねたりもしました」

お一人おひとりとじっくりおつきあいし、とことん話し合う。メンバーのやり方はさまざまだが、その点は共通している。もちろん山田氏も同じだ。

「お話を伺っているとだいたいその方の志向がわかりますね。外債が好きとか、株式がいいとか、やはり投信が一番だとか、ミックスでもいいとか。女性のお客様は投信なら分配金が入ったり、きちんと貯蓄できたりといったタイプをお好みの方が多いです」

女性の歩調に合わせてゆっくり歩いていく。事業はスピード展開するが、その仕事ぶりは慎重そのものだ。

地方も含め、全国で支店を展開中の同社が対峙するのは、高齢化社会の現実である。お客様からの相談も「資産運用そのものの話より、家をバリアフリーにリフォームしたほうがいいだろうか」とか、「施設に入るにはどのくらいかかるのか」といった内容が多い。とくに本社のある名古屋にはトヨタ系の介護付きマンションがたくさんあることから、入居を検討している方も多いという。

最近は遺産相続の相談も増えてきた。

話してみると、お客様のご家族事情はそれぞれだ。海外や東京など遠く離れた地に子どもや孫が住んでいるが、普段は音信不通という方もいれば、まったく身寄りがないお客様もいる。かと思えば、意外に係累が多かったことが死後、わかった方もいる。

「ご家族構成を把握しているだけでは対応できないので、5親等くらいまでの家系図を書いていただくケースもあります。それぞれのご住所や勤務先など、なるべく細かく教えていただくのです。でないと、亡くなられたとき相続人が何人発生し、いくら相続税がかかるかなど、はっきりしませんから。いざというときの緊急連絡先もお聞きします」

一方で、子世代のお客様からのご相談もある。

相続手続きは、被相続人の死亡から10カ月以内に行うのがルールだ。ところが、投資の話をしているうち、「そういえば親が亡くなってから、遺産を5年も6年も放りっぱなしにしている。どうしたらいいだろう」などと打ち明けてくる人がいる。

制度や手続きの方法など一から教えていくうちに「親が住んでいた家が空き家になっているので、そちらも売りたい」となるケースもある。

「こういう方は結構多いんです。遠くの街に住んでいて仕事も忙しく、実家を放置せざるをえない……。死後4、5年、そのままになっていたお家を片付けに伺ったこともあります。冷蔵庫の中身も、押し入れや洋服ダンスの服もそのままという状態でした。それを全部、分別してゴミ袋に入れて指定の曜日にゴミ捨て場に出しました。粗大ゴミも二日がかりで出して、ともかくきれいにしたのです。そして家を取り壊し、さら地にして売却する、というところまでやりました」

不動産業の免許も取得できることを増やしていく

高齢化とともに進んでいるのが、単身化である。

「年金だけでは到底暮らしていけないとみんなわかっていますよね。貯金が3000万円あったとしても、それを取り崩して生活することになる。長生きすればするほどリスクが高まる——。〝ゴールドセブン〟といいますが、そんな時代、やはり年間7%くらいの金利で資産を運用していないと厳しいのでは。3000万円を7%で運用すれば年間210万円。年金と合わせて月30万円くらいの生活費にはなりますから。元本が減らないように、その資金をつくっていくのが我々の役目です」

厚生労働省の白書によれば、2035年、女性の生涯未婚率（50歳までに一度も結婚したことのない人）は19・2％と5人に1人に達する見込みだ。将来の不安を抱えているのは成熟世代だけではないのである。

こうした世情を反映してか、CSアセットでは今、お子様世代のお客様も増えつつある。遠隔地に住む、お客様の息子娘に口座を開いてもらい、実家の不動産の売却金を投資信託にあてていただく例もある。

「今、ジュニアNISAや相続税をテーマにセミナーを開くなどし、若い世代のお客様にお金のことを考えていただく機会を一生懸命につくっています」

転勤も異動もなく、お客様と長くおつきあいするIFAは、人生終盤までずっと伴走するパートナーといえる。成熟世代はもちろん、より若い層の不安を解決していかねばならないことを考えれば、より多くの支店、より多くのIFAに参加を呼びかけたいと山田氏は考えている。

老後をめぐるもろもろのご相談に対応するため、同社では証券、生命保険だけでなく、不動産も扱っている。不動産会社と提携しているのではなく、自社で免許を取っており、直接、仲介、土地や家屋の売買も行う。

相続対象の資産のうち不動産が占める割合は55％といわれている。あるセミナーでそれを聞いたとき、これからは不動産会社を持つべきだと思い、すぐに不動産部門を作った、と山田氏。仲介業だけでなく、土地を自社で購入して一戸建てを建設、販売するということもやってのける。社会のニーズに合わせ、できることを増やしていく。ＩＦＡだからこその働き方といえる。

社員の採用と育成はどうする？　福田猛氏の場合

良いところも弱点も率直に話す

この章のＣＳアセット㈱のように、フランチャイズチェーンのように支店を広げていく会社もあれば、事務スタッフとともに基本的にひとりで業務を行う第７章のＦＰブレーン㈱のような会社もある。かと思えば、比較的規模の大きな企業も見られる。約70名のＩＦＡを擁する㈱アイ・パートナーズフィナンシャル（第２章）などだ。

しかし、プロフェッショナル集団である以上、どこも基本的に少数精鋭であることに変わりはない。第１章と第７章で登場した福田猛氏率いるファイナンシャルスタンダード㈱も、社員８名。うちＩＦＡが６名である。同社ではどのように採用し、人材育成しているのか。ここで再び、そのあらましを追ってみよう。

ファイナンシャルスタンダードの社員は多彩な経歴を持つ。証券会社だけでなく、銀行や保険会社の出身者もいるが、いずれもIFAという仕事に意義を感じて入社してきた面々だ。

当然、採用は慎重である。

「社員全員に会ってもらい、いろいろな目で人物、能力を確かめてもらうようにしています。僕ひとりでは、見方が偏る可能性がありますから。採用基準は『この人と一緒に働きたいかどうか』です」

会社側としてもどういう職場かを相手に伝え、入社後にギャップが起こらないよう配慮している。

「うちは零細企業だから、バックオフィスやマーケティングに大勢スタッフのいる大企業と同じ感覚では働けないよ。何でも自分でやらなければいけないから、正直忙しいんや」

「証券だけじゃなく、不動産とか相続とかいろんな知識が必要だから、勉強しないとついてこられない。でも、頑張ればそれだけ信頼も得られるよ」などなど。

不思議なものでそうすると空気がほどけ、身構えていた相手もいつしか自分のことをいろいろと語り始めるという。

「先日も面接相手が『じゃあ、僕も自分の問題を率直に話します』と言い出したので、何を言いだすつもりなんや、と身構えたら、『僕、じつはパワーポイントが苦手なんです』と言ったのには笑ってしまいました。そんな彼も今や、一人前のＩＦＡとして会社の重要な戦力になっています。日々、大量のプレゼン資料を作成しており、パワポもあっというまに上達しました（笑）」

一人のお客様のソリューションをＩＦＡ全員で議論する

会社の色は人材次第だ。個性的で優秀な人を集める一方で、個性に頼りすぎないよう、チームの力を発揮できる組織づくりにも力を入れているという。その一環として同社が行っているのが、ＦＳカンファレンスだ。

ＦＳはファイナンシャルスタンダードの略である。

カンファレンスと聞いて、多くの人が思い浮かべるのは医療系のテレビドラマなどで目にするシーンではないだろうか。手術前などに会議を開き、外科医、内科医、麻酔科医など、さまざまな専門家が集まり、ひとりの患者さんについて違う角度から話し合う。

同様に、一人ひとりのお客様をあらゆる角度から見つめ、議論し、包括的な提案をしていこうというのがこの制度の主旨である。ＩＦＡだけでなく、必要に応じて税理士や会計士に加わってもらうこともあるそうだ。

このときＦＳカルテというお客様の基本情報やヒアリング内容を記録した書類を作成する。一通りカルテを見て、よくわからない点があれば、もう一度ヒアリングからやり直すこともままある。

「セールスをしているのなら、相手のことをそこまで知る必要はありません。しかし、我々がやっているのはあくまでコンサルティング。医師が患者の病気や症状、体調をすべて把握しておかねばならないように、ＩＦＡもまた、お客様について熟知する必要があります」

このように一人ひとりが自律したプロフェッショナルとしてお客様をサポートする一方、ナレッジを共有し、総力戦で価値を提供する仕組みを敷く同社。成長軌道に乗り、売上高を順調に伸ばしてはいるが、お客様の数や手数料売り上げなどの目標はあるものの、ノルマは一切存在しないという。

むしろ重視しているのはコンプライアンスだ。社内で設けた規則は多岐にわたっている。

――ビジネスをする上で売り上げは重要だが、第一であってはならない。一番大切なのはルールにのっとった上で、どんな価値をいかに提供するか、だ。

起業以来、この信念は揺らいでいない。

一言でいえば「めちゃくちゃ楽しい」

高い専門性や知識、経験に裏打ちされたプロフェッショナリズム、厳しいコンプライアンス、ビジネスセンス――さまざまなものが要求されるＩＦＡという仕事。

だが、本書に登場したＩＦＡたちは、転身して得たものの多さ、豊かさについて饒舌に語る。

中でも福田猛氏の言葉は印象的だ。

「サラリーマン時代と比べて自分の人生は劇的に変わりました。一言でいえば、めちゃくちゃ楽しい。早朝から深夜まで働き続けてもまったく苦にならないのです。何より、お客様に貢献しているという実感があるからや、と思います。

さらに成長実感の手ごたえがある。たとえば、1カ月前の自分と今の自分を比べたらまるで違うし、さらに半年前と比べたら、それはもうまったく違う。ヒアリング力、提案の内容、伝え方――格段に違ってきている気がします。すべてのお客様との出会いを一期一会ととらえ、毎回、真剣勝負で臨んでいますから、当然かもしれません」


全国に拠点を広げていく会社、IFAの人数を増やしていく会社、ユニット型で二人一組でお客様を担当しつつ、規模を拡大する会社――。

さまざまな会社があるが、ファイナンシャルスタンダードの福田猛氏は「今後は少数精鋭を拡大したい」という。

IFAの数は増やすが、少数精鋭のつもりで人材を厳選し、ナレッジの共有、協働の仕組みは存続させる。一人ひとりが自分のスキルを磨きつつも理念を見失わず、必要なときはチーム、会社が一丸となってお客様のサポートにあたる。

今後、IFAが増え、大規模なIFA会社が誕生したとしても、一人ひとりが本来の存在意義を見失ってしまえば、従来の金融業界と同じ轍を踏みかねない。「全員がプロフェッショナル」であり、「少数精鋭の精神」を保ち続けなければ、その役割は全うできないだろう。

第9章

IFAが今ほど必要とされている時代はない

コモンズ投信（株）代表取締役社長兼CIO、
伊井哲朗氏に聞く

なぜ、日本ではロングセラー投信が支持されないのか？

日本では投資というと少なくない人がいまだに「賭け事」「投機」といった印象を持ち、自分とは関係ないことと思っている。一方で、家計の金融資産の構成を見ると多くの人の収入源が給与収入に偏っているのは周知の通りだ。

これに対し海外、とくにアメリカ、イギリス、ドイツなどの投資先進国では、収入源の2、3割程度は金融資産からの収入（金利、配当、売買益など）となっているという。もちろん、「金利が日本より高い」「配当がやや高い」といった条件に恵まれていることもある。だが昇給がままならないこの時代、給与収入に依存している日本人が投資に対する意識を変えることなく資産形成や家計を維持することは、きわめて難しいといえるだろう。

「これからは誰もが〝金融力〟を身につけなければならない時代なのです」。コモンズ投信㈱の代表取締役社長兼CIO、伊井哲朗氏はこう力説する。

新卒で入社したのは山一證券だ。その後、メリルリンチ日本証券、三菱UFJメリルリンチPB証券で法人・個人向け営業を経験し、2008年に現職についた。

お客様を見つめて働きたい、という姿勢は業界に飛び込んだころから一貫している。

「山一證券入社後は、少しでもお客様の資産の増やすことに貢献したくて、一生懸命に働きました。支店営業時代も本社の企画部門に行っても同様でした。そんなときに、同窓会で幼なじみたちに会うと、『なんで、伊井が証券マンやっているんだ。イメージに合わない』と強く言われました。親が株や投信で損をさせられたらしく、証券会社に対して悪いイメージしか持っていなかったんです。自分がこんなに一所懸命、お客様のためにと思って働いているのに、心が折れそうになりました。『いつか、お客様や社会から信頼を得られるように頑張る』。これがライフワークになりました」

山一證券の自主廃業後は、メリルリンチ日本法人の立ち上げに参画し、理想の営業を目指した。メリルリンチは、手数料自由化のモデルとして山一時代も研究していた。アメリカでは1975年から手数料自由化に踏み切っていたこともあり、当時、日本の証券マンは米国メリルリンチに関心があり、視察も盛んだった。彼もそのひとりだった。個人投資家の資産を、ポートフォリオを組んで着実に殖やしていく姿勢に共感を抱いたという。

しかし、時代の変化とともにそのやり方も変わってしまった。顧客もいつのまにか富裕な資産家が中心となっていた。今まさに資産作りの段階にある資産形成層を含めもっと幅広いお客様の役立ちたいという思いが、徐々に膨らんでいったという。

山一證券に続き、長銀の破綻、りそな銀行の実質国有化――不透明な時代を経験してきたこともあり、「このままではいけない、金融を健全な姿にするために、自分で会社を立ち上げよう」という決意が強まっていった。

設立したのは独立系直販投信会社である。しかも扱う商品は長期投資だ。

「今のように、次から次へとベストセラー商品が短期間に現れては消える状態は、健全な金融の姿とはいえない。もっとロングセラー商品が出てこないと、日本の資本市場における長期資本欠如は解消されない」というのが持論だからである。

海外では戦争もブラックマンデーも乗り越えたファンドなら、この先何が起きてもリターンが得られるだろうと、ロングセラーファンドを長年にわたって持ち続ける人が多い。たとえば米国のキャピタルリサーチでは、じつに80年にもわたる米国株ファンドを運用している。運用資産はなんと16兆円。リターンも年平均12〜13%とかなり高い。

投資家にはリターン、企業には持続した成長、運用会社には安定した信託報酬——長期投資が一般的になれば、トリプルウィンの関係がうまく成り立つことがわかる。

「しかし、残念ながらこの関係が成立しづらいのが今の日本の現実なのです」と伊井氏。

ロングセラーファンドそのものが少ないこともあるが、売買手数料を収益の柱にしている証券会社がせっせと「旬な新商品」を企画し、つねに大売り出しをかけているからである。

「月次での12カ月連続して資金が純流入するファンドは実際、非常に少ないんです。アベノミクスが始まる前など12カ月連続で資金流入するファンドはわずか40本、50本でした。その状況は今もさほど改善していません。ほとんどのファンドはすぐ資金流出してしまう。欧米では投信の平均保有期間は4年を超えますが、日本は2年程度です。

すぐ資金流出が起こるファンドというのはファンドマネージャーの立場からすると運用にならないんですよ。普通、ファンドマネージャーは相場観で銘柄を売りますが、解約が増えると現金化するために事務的に〝売らざるをえなくなる〟わけですから」

めまぐるしいマネーゲームに踊らされる人が減らない限り、投資に対する一般の人のイメージは悪いままだ。こうした背景を憂えたからこそ、長期投資のファンドによって個人のお客様に良質のサービスを提供したい、と伊井氏は語る。

既存の大手証券会社にできないことを、他の独立系の投信会社やＩＦＡのようなプロフェッショナルたちとともにやりとげたい。新しいグラウンドをつくりたい。時代の転換期の今こそ、そのチャンスという。

新興勢力だからできること

金融の歴史を振り返れば、これまでにいくつかの潮目があった。興味深いことに、時代を開き、新しい流れを創ることができたのは、既存のプレイヤーではなかった。つねに新興企業、またはアメリカのＲＩＡのような独立したプロフェッショナルたちだったという。「90年代後半以降、大きく３つの潮目がありました。１つめは１９９６〜２００１年頃。日本版金融ビッグバンで、官僚支配と集団主義の「護送船団方式」を解体する動きが広がりました。

キーワードはフリー、フェア、グローバル。市場原理が機能する自由な市場へ、透明で公正な市場へ、そして国際的で時代を先取りする市場をめざす、とするものです。このとき、既存の銀行・証券が独占していたマーケットに新たなプレイヤーが参入できる素地が生まれました。１つめが、株式手数料の自由化とともに台頭したインターネット証券の出現です。大手証券中心だった個人投資家の株式売買が、今やインターネット証券がシェアの８割以上を占めるに至っています。今後、新たな投資家を呼び込めるかなどの課題はありますが、これは大きな革命でした。２つめは、外国為替証拠金取引、いわゆるＦＸです。

一日に20兆円を超える日もあるくらいの売買代金で、日本は世界一の市場になっています」

ネットでの株式売買にしろ、FXにしろ、結局、大手証券や銀行はシェアが取れなかった。ネット取引には大手証券も何度か参入を試みたが、結果が出ず、楽天証券など新興企業がシェアを獲得している。FXでもGMO、DMMドットコムなどベンチャーが業界トップに躍り出た。

既存のプレイヤーがイノベーションを起こせなかった理由とは何か。

「株式手数料にしろ、外国為替手数料にしろ、手数料の大幅な低下を既存のプレイヤーでは先導できません。それは、これまでの事業を否定することにもつながりますから。ビジネスモデルの大きな転換は、金融業界に限らずどの産業でも、新興勢力によって実現されていきます。それは、お客様視点で、新規のプレイヤーが価格破壊とサービスの向上を図っていくことになります。IFAのような地域に根ざした仲介業者は、お客様のニーズを汲んで自由に動くことができます」

NISAやジュニアNISAは大きなチャンス

そして足元で起こっている3つめの潮目の変化が2014年から始まったNISA、

２０１６年からスタートするジュニアＮＩＳＡ、２０１７年の確定拠出年金の拡充による盛り上がりだ。２０１５年5月、公募投信の純資産総額が初めて１００兆円を超えた。アメリカの２０００兆円やオーストラリアの公募投信の市場の２００兆円規模に比べればかなり少ないが、これから２０２５年にかけて、日本でも２００兆円規模のマーケットになる可能性が高まっている。しかも、その担い手はこれまでとは異なる層だと伊井氏は言う。

「これまでの個人金融資産における有価証券の保有率を見ると、60歳以上の方が7割を占めている。今後は、人口動態とＮＩＳＡなどの制度の充実で、現役世代によってもう１００兆円積み上がるのではないか。私はそう見ています。

実際に、野村総研のレポートでは銀行や大手証券会社のメイン顧客層、つまり60歳以上80歳未満の人口が２０１５年にピークを迎えるとしています。今後、この層が減っていくにつれ起こるのが相続問題。すでに年間50兆円もの資産が移転している。大規模な資産の移転は、今後10年は続くでしょう」

10年間で総額５００兆円もの資産移転が起こる――大相続時代の到来である。このうち金融資産は4割程度。その他、不動産などもあるが、地方では売却して現金化する人も多いだろう。そうなれば実質的な金融資産は6、7割に達する可能性もある。

なお、ＮＩＳＡは２０１４年に3兆円積み上がり、投資信託にも2兆円があらたに流入している。NISAの口座数が順調に伸びていることを考えれば、ジュニアNISA、確定拠出年金を含め、非課税制度だけでも毎年5兆円の資金流入が期待できそうだ。

「とくにジュニアNISAへの期待が高まっています。未成年の人口は今、2200万人程度。実はここが金融業界では残された〝白地〟なんです。株も投資信託も、これまで子ども向けの商品はありませんでした。もちろんお子さんが口座を開けるわけではなく、ご両親が開くわけですが、まさに子育て世代、現役世代向けのマーケットが生まれることになります。この世代の取り組み如何では、金融業界の勢力図に大転換が起きるかもしれません」

彼らを取り込むうえで注目されているのがIFAの存在だ。現役世代は、長期的な資産形成を望んでいるので、地域に根ざして第三者的視点から適切なアドバイスができる点でIFAは適している。

中立的な立場で運用する投信会社やアドバイザーが求められている

しかも、現役世代、つまり日本の金融資産を受け継ぐ資産形成層は、IFAと相性のよい層ではないか、と彼は分析する。投資に対し合理的な考え方を持つ人たちが多いからだ。

「投資信託協会の投資信託に関するアンケート調査を見ると、70歳以上の方たちの多くは、投信の魅力について『分配金がもらえること』などと回答しています。これに対し、若い人たちは『専門知識がなくても投資ができる』とか『少額でも分散投資ができる』『海外投資が手軽だ』といった声がメイン。投資信託本来のよさを理解していると考えてよいでしょう。

また投資についての情報源を尋ねる質問では、成熟世代は新聞やセミナーが多いのに対し、若い人は圧倒的にインターネットと回答しました。フィンテックのようなITを使った新しいデバイスによるクレジット決済なども、今後は広がっていくはずです」

そうなれば、銀行や大手証券会社のサービスの一部は不要となるにちがいない。自ら資産管理できる環境が整えば、IFAがフィンテックに強いネット証券などと連携するサービスを求める、自分なりの資産形成をする人が増えるのではないか。

投資姿勢も従来のあり方とは違う。平均保有年限が2年程度の現状は、保有者が成熟世代が中心という現実を考えれば、やむをえない面もある。一方、現役世代はこれから資産を蓄えねばならないことから、投資期間が長期にわたる。かつ積み立てなどが中心という人が多くなる。NISAのモデルになったイギリスのISAは、銘柄の平均保有年限が7年近くに及ぶことからも、長期投資のスタイルは今後増えそうだ。

転勤やジョブローテーションによってすぐ担当が入れ替わる大手証券や銀行と違い、長くお客様を見守り続けるＩＦＡが求められる時代といえる。

「２０１１年の金融庁の金融審議会で提言されていますが、これからは資産形成層に適切なサービスをする業者の存在が不可欠なのです。つまり、親会社や系列会社の都合によらずに中立的な立場で運用する独立系の投信会社、中立的な立場でアドバイスする金融アドバイザー＝ＩＦＡを育成せねばなりません。もちろん、これまでのように大手証券・銀行のサービスを必要とする人もいます。しかし、サービスの選択肢がもっと増えない限り、『金融から投資へ』のスローガンは実現できないのでは。われわれのような投信会社とＩＦＡとが二人三脚で頑張らねばならない時代ですね」

資産形成層には投機的な投資は合わない、と伊井氏は繰り返す。根のしっかり張った、成長企業に資産を預けることによって、長期にわたって豊かなリターンを得ることができる。こうしたあり方こそ本来の投資だと語る。

彼が描いてみせるのは、こんな投資家の姿だ。

「たとえばスイスのアルプス地方に住む人が、資産の一部をネスレに投資したとします。ネスレはスイスを代表する企業ですが、じつは国外売り上げ比率99％という世界随一のグローバル企業でもある。つまり彼は、アルプスに住んでいながらネスレという株式を通して世界中の成長を、長期にわたって家計に取り込むことができる、というわけです」

家計の資産が増えることで消費が活発化し、そのお金が国の経済を豊かにする。また、こうした投資家の存在によって企業は持続的に成長し、ROE（自己資本利益率）も高まる。すると、資金循環がしっかり回り、結果として投資家が果実を得る――このような基盤をIFAとともに築くことで、伊井氏が思い描く健全な金融が実現できるはずだ。

第10章

日本の証券革命は
ここから始まる

楽天証券（株）代表取締役社長、楠雄治氏に聞く

アメリカで確信を強めた「アドバイザー」の必要性

「チャールズ・シュワブのシリコンバレーにある支店の光景を見て、自分がやってきたことはやはり間違いなかった、と感じました」

楽天証券㈱代表取締役社長、楠雄治氏は数年前、アメリカ大手証券会社に出張したときの記憶をこう語る。

顧客たちが次々に店舗を訪れ、アドバイザーの個室でパソコンを前に熱心に話し込んでいる。近くに住んでいるのか、みな半ズボンなどのラフな格好だ。その様子はまるで旧知のかかりつけ医のもとへ相談にやってきた、といった風情でもある。

アドバイザーたちは相手の話にしっかり耳を傾けて助言しているが、営業攻勢をかける様子は見られない。日本の証券会社とはまるで違うシーンが新鮮に映った。正確にいえば、証券会社に出社してアドバイス業務にあたる彼らは、本書でとりあげてきた金融仲介業者ではない。出社型の対面ファイナンシャルアドバイザーである。

だが、こうしたアドバイザー業務がごく当たり前に行われていること自体に、ある種の感銘を受けた、と楠氏は言う。

「ＲＩＡをはじめとするアドバイザーたちは、一切営業をしません。彼らの役割は自社の金融商品を売りつけることではない。株式、債券、不動産などアセット全体にアプローチし、総合内科医のように、お客様の人生をホリスティック（包括的）に支えるのが仕事です」

もうひとつ印象的だったのは、ＲＩＡたちの顧客がさまざまな層に及んでいたことだ。富裕層客が中心のＲＩＡ。若い資産形成層を専門とするＲＩＡ。ある程度、資産ができた中間富裕層を主要顧客にするＲＩＡ。あらゆる層に寄り添い、資産を護り育てる頼もしいパートナーがＲＩＡなのである。

「アメリカでは金融仲介ビジネスに携わる人々は、自分たちの仕事を〝our industry〟と呼びます。その誇らしげな表情に日本の未来、そして自分の〝使命〟を再確認しました」

楠氏は広島大学文学部を卒業。１９８６年、文系出身ながら、日本ディジタルイクイップメントに入社し、システムエンジニアとして銀行や生命保険会社、損害保険会社などのディーリングシステム構築を担当した。退職後、１９９４年にはアメリカに飛び、シカゴ大学ビジネススクールへ留学。１９９６年にＭＢＡを取得する。ＡＴカーニーを経て、１９９９年、ＤＬＪディレクトＳＦＧ証券に入社。執行役員マーケティング部長として勤めた。

マーケティング部長として、開発に取り組んだのは、ウィンドウズで動作するアプリケーション型リアルタイムトレーディングツール「マーケットスピード」だ。インターネットブラウザ上で動くウェブアプリケーションではなく、ユーザー環境上で動作するネイティブアプリケーションであり、安定度と実行速度にきわめて優れている。

従来の環境では、個人投資家がリアルタイムに相場を見て自由自在に取引することが難しかった。デイトレーダーのような自身で投資判断をしてザラ場中に取引を行いたいお客様にとっては不満が大きかったが、マーケットスピードによって、状況は一変したといっていい。2003年、同社は楽天の連結子会社になった。マーケットスピードはその後もバージョンアップを重ね、そのたびに顧客満足度は高まり、楽天証券はシェアを拡大していく。

なお楠氏は2006年4月、楽天証券の執行役員最高業務執行責任者となり、同年10月には代表取締役社長に就任している。

IFAはお客様の資産を護り育てるパートナー

こうして金融業界に身を置くうち、「この世界に新風を巻き起こしたい」という思いが募った。お客様とじっくり向き合う米国のRIAたちの存在にはかねてから注目していたという。

「ITバブル以降も、RIAを通じたサービスを展開するチャールズ・シュワブは顧客の支持を失わなかった。手数料収入に頼らず、預かり資産高に連動したフィー収入を収益の柱とするRIAは、『お客様の資産を護る』姿勢を貫いている。だからこそ不況時も顧客からの信頼を失わなかったのでしょう。資産管理型のサービスが幅広い投資家層に浸透し、支持されているのです」

日本の金融業界を変えるカギはここにあるのでは、と直感した。

2000年代、金融庁は「貯蓄から投資へ」のスローガンを掲げ、投資の機運を高めようと図ってきた。だが折悪くリーマンショックが勃発。日本人の貯蓄志向は根強く残り、投資の機運はさほど高まっていない。現在も投資信託の残高はやっと100兆円を突破したばかり。株式と合わせても、1700兆円という日本人の資産全体のうちの、せいぜい

２００兆円というところだ。

ＩＦＡの仕組みが定着すれば、そんな日本の現状を打破できるかもしれない。中立的な立場から資産を護り育てるパートナーがいれば、投資に対するイメージも変わるのではないか——。

ＩＦＡの3つの強み

既存の証券会社の対面営業にはない、ＩＦＡならではの強みがいくつかある、と楠氏はいう。

１つは大手企業の証券マンのように異動がないため、一人ひとりのお客様と長期にわたる信頼関係が築けることだ。

強みの２つめは税理士、会計士、不動産鑑定士など、さまざまな分野のプロフェッショナルとネットワークをつくり、お客様のニーズに合わせて紹介できること。

そして、３つめはお客様からの預かり資産を護り育てるというインセンティブのもとにアドバイスを行っていることだ。

既存の証券会社のビジネスモデルは売買手数料に依存していた。つまり、お客様の資産が殖えようが減ろうが、証券会社の売り上げにはほぼ影響がないわけだ。取引回数が増えるほど利益が得られるため、意味もなく売買を繰り返させる「回転売買」に走る傾向も見られる。しかも、取り扱っているのは自社系列会社による投信などで、営業マンは会社の方針に従ってお客様に勧誘を行うのが一般的だ。

極言すれば、相手が食べたくもないものを、無理やり口をこじ開けて食べさせるような営業手法がまかり通っていた――残念だが、これが既存の対面営業における実情だったのだ。

これに対し、ＩＦＡはあらゆる株、投信、債券などの金融商品から、お客様一人ひとりに最適と思われるものを客観的な視点から選び出す。もちろん、必要がないのに買わせることなどない。いたずらに売買せず、好機を待つべきと判断すれば、買い急ごうとするお客様を止めることもある。すべてはお客様の資産を長期的に殖やす、あるいは保全するためだ。

なぜ、そうできるのか？　個人営業型、起業型などタイプはいろいろあるが、基本的にプロフェッショナルとして独立して活動しているＩＦＡは、自分の収益は自分でつかみ取らねばならない。その基礎はあくまでお客様との信頼関係にある。つまり、お客様の資産を護り、殖やせない限り、仕事は成り立たないし、長続きしないわけだ。大企業の営業マンなら、会社の看板で信頼が勝ち取れるが、彼らはひとりでそれを築かねばならない。IFAは転勤もないため、ひとたび信頼を失って悪い評判でもたてば、その地域で事業を続けていくのは難しくなる。

IFAのニーズはさまざまな層にある。

もちろん、富裕層の中にもアドバイザーを必要とするお客様はいるだろう。自分でポートフォリオを構築し、リバランスをするようなリサーチ力、判断力を持つ人は限られるからだ。一方、ネット証券の利用層に多い、自分で意思決定したいお客様、いわゆる〝self-directed〟なお客様も、重要な意思決定を行うような場合、専門家のアドバイスを必要とするはずである。

さらに、楠氏が注目しているのが、住宅資金や教育資金を蓄えようとしている資産形成層だ。

既存の証券会社が得意とするのは主に成熟世代の人たちだ。一方で本来、資産形成のニーズが高いはずの現役世代は、多くが十分な情報もないまま、投資に二の足を踏んでいる。教育、住宅購入費用を準備しなければならない彼らは、年金受給年齢の引き上げ、年功賃金の崩壊などから、老後に対し切実な不安を抱えている。

企業を社会の公器として捉えたとき、まさに今後、社会問題として顕在化しようとしているこの課題に立ち向かうことが自社の使命だ、と考えた。

2008年から支援をスタート

ＩＦＡ事業に着手したのは、楽天証券の社長に就任してまもなくの2007年だ。

「ある日、日本の大手証券会社を退社したという方が当社を訪ねてこられたのです。『従来の対面営業には正直、限界を感じている。このままではお客様の信頼を獲得できない。楽天さんのプラットフォームを活用して、ＩＦＡの事業を始めたいと思うが、チームを組みませんか』と提案を受けた。思わず身を乗り出しました。かねてからアメリカの動向には注目していました。まずは、ネット証券で個人投資家たちの機運を高め、その後、ＲＩＡ事業、つまり日本でいうＩＦＡ事業に乗り込もうと考えていたからです。訪問は、まさに参入のタイミングをはかっていたときのことでした。

従来の対面型のサービスに満足できないお客様は大勢おられます。回転売買はなくならず、担当者もすぐ異動してしまう。証券会社で働く営業マンにも不満が募っていました。それならば、我々が新しいビジネスを始めようじゃないか、と思い立ちました」

国内にＩＦＡ事業はあったが、チャールズ・シュワブが提供するようなプラットフォームはまだない。しかし、楽天証券にはマーケットスピードがある。優れた顧客口座管理システムがある。それらをフル活用すれば、ＩＦＡが顧客に優位なサービスを提供するためのインフラができるはずだ。

さっそく組織体制、システム、さまざまな環境を整備し、２００８年10月、いよいよＩＦＡ事業を開始した。

業務委託契約の募集をかけてみると、多くのＩＦＡ志望者が名乗りをあげた。審査にはこれまでの実績や道徳観など、さまざまな基準を設けた。もっとも厳しくチェックしたのはプロフェッショナルであるかどうかという点だ。お客様の大切な資産を保全、運用するため、最良と思われる投資の選択肢を提供できなければならない。マーケットや投資に関する制度に精通しているのはもちろん、世界の政治動向をはじめ、あらゆる環境変化に対し機敏に対応する力が問われる。

また、大切な資産を預かり、お客様の人生と向き合うには、高い倫理観、人間力も不可欠になる。

「担当者がひとりで面接するのではなく、複数の事業部の人間が実際に本人に会って確認します。感想は各自レポートにまとめ、これを朝の会議にかけてさらに多くの目で評価するのです。

営業マンはそれぞれ自分の流儀を持っているもの。大手証券会社の看板を持とうが持つまいが、やり手であろうがなかろうが、そうした癖は必ず営業姿勢に出る。だからこそ、最初にしっかり確認することが大切なのです」

こうして厳しい審査をくぐり抜け、新たなスタートを切ったＩＦＡたちは目の色を変え、真剣にお客様に向き合うようになるという。つねに最新の知識、研ぎ澄まされた分析力が必要とされる金融業界だけに油断は禁物だ。

事業立ち上げと同時期にリーマンショックが勃発したが、ＩＦＡへの支持率は下がらなかった。第3章で述べた通り、何度かの景気低迷期をアメリカの独立系アドバイザーたちが潜り抜けたのと同様である。

理由は明らかだ。彼らの命綱が「お客様の信頼」だからである。会社から課せられた手数料ノルマを果たすことではなく、お客様の資産を護ることが彼らの責務である以上、不況のときこそ、その存在価値が問われるはずだからである。

ＩＦＡが変える日本人の資産形成

ＩＦＡ事業に乗り出した楠氏には、現在２つの期待が寄せられている。１つは従来の業界の体質を超えた「創造的破壊者」としての期待だ。

ＮＩＳＡや確定拠出年金、さらに２０１６年から始まるジュニアＮＩＳＡ。それらが意味するものは、明らかな「ゲームチェンジ」のサインである。「貯蓄から投資へ」という政府の方針がより明確化された今、金融業界は新しいルールにのっとって新しいゲームを展開できる者とそうでない者とに二極化されるだろう。楽天証券が前者として今後、注目を集めるのは間違いないところだ。出張先で目にしたチャールズ・シュワブの支店のような光景が、日本中のＩＦＡのオフィスで繰り広げられる時代はすぐそこまで来ている。

これまで光の当たらなかった若い資産形成層をターゲットとしている点も意義深い。多くの証券会社が取引してきた富裕な資産運用層はおもに高齢者によって成り立っている。だが、日本の未来を考えれば、若い資産形成層こそ支え、護り育てていくべきだ。

こうした使命感に共感する人びとは少なくない。

金融の世界における新しい時代の幕開け。そのとき、ＩＦＡは間違いなくゲートキーパーの役目を果たすだろう。

あとがき

「金融業界にいながら、ＩＦＡという働き方があることを知らなかった」
「運用について誰かに相談したいが、証券会社に行くと営業攻勢をかけられそうなので敬遠していた」

本書を手にとった読者の多くは、こうした方々ではないだろうか。確かに、ＩＦＡの社会的認知度はまだまだ低い。しかし、働き方のひとつとして、そして資産を護り育てるパートナーとして、待望している人たちがいる。

心ある金融マンたちの間で静かな独立ムーブメントが起こっていること、そして彼らこそ、２０００年代に金融庁が掲げたスローガン「貯蓄から投資へ」を実現するキーマンであることが周知されれば、彼らにエールを送りたくなる人はさらに増えるだろう。

本書は、たくさんの方々のインタビューをもとに書かれたものである。大手証券会社、銀行から独立したＩＦＡ、投資信託会社の経営者、有識者などの体験、ご意見を伺いまとめた。ご多忙の最中、貴重なお話をお聞かせいただいたことに、ここにあらためて感謝を申し上げたい。

どの方もＩＦＡが果たすべき役割の大きさ、そこからひらける未来の明るさを熱心に語っておられた。お一人おひとりの想いが少しでも読者の皆様に伝われば幸いである。

ＩＦＡによって、安心して幸せな将来像を描ける人々が日本中に増えますように――。これが、登場人物と制作チーム全員の願いである。

本書にご協力いただいた方々

岩川昌樹さん

FP ブレーン株式会社　代表取締役
〒 261-7112 千葉県千葉市美浜区中瀬 2-6-1 World Business Garden マリブウエスト 2F
電話：043-306-5800　URL：http://www.fpbrain.co.jp

長壁かおりさん

株式会社アイ・パートナーズフィナンシャル　取締役
〒 220-0005 神奈川県横浜市西区南幸 2-20-5　東伸 24 ビル 3F
電話：045-329-7150　URL：http://www.aip-financial.com/

髙松綾さん

株式会社泉アソシエイツ　代表取締役
〒 541-0043 大阪府大阪市中央区高麗橋 1 丁目 7-7-2510
電話：06-6223-8139　URL：http://i-associates.jp

田中譲治さん

株式会社アイ・パートナーズフィナンシャル　代表取締役
〒 220-0005 神奈川県横浜市西区南幸 2-20-5　東伸 24 ビル 3F
電話：045-329-7150　URL：http://www.aip-financial.com/

福田猛さん

ファイナンシャルスタンダード株式会社　代表取締役社長
〒 108-0014 東京都港区芝 5-3-7 三田奥山ビル 2F
電話：03-6852-1729　URL：http://www.fstandard.co.jp

中桐啓貴さん

ガイア株式会社　代表取締役社長
〒 160-0023 東京都新宿区西新宿 3-2-11 新宿三井ビルディング 2 号館 10F
電話：0120-03-3704　URL：http://www.gaiainc.jp

森本佳奈子さん

株式会社みかたはいる　取締役
〒 770-0904 徳島県徳島市新町橋 2-14-1 マーキュリービル 3F
電話：088-602-0430　URL：http://www.mikatahairu.com

山田勝己さん

CS アセット株式会社　代表取締役会長

〒 460-0002 愛知県名古屋市中区丸の内 3-17-29 丸の内 ia ビル 4F

電話：052-990-8990　URL：http://cs-asset.com/

湯浅真人さん

SHIPS 株式会社　最高経営責任者（CEO）

〒 794-0015 愛媛県今治市常盤町 3-6-21 池内ビル 2F

電話：0898-35-5190　URL：http://ships-ifa.com

沼田優子さん

明治大学国際日本学部　特任准教授

伊井哲朗さん

コモンズ投信株式会社　代表取締役社長

電話：03-3221-8730　URL：http://www.commons30.jp

楠雄治さん

楽天証券株式会社　代表取締役社長

URL：http://www.rakuten-sec.co.jp/

その他、多くの方に取材させていただきました。ありがとうございました。

［著者］
金融証券問題研究会
日本の証券業界、資産形成、および運用の現状をテーマに執筆活動を行うジャーナリストや専門家による任意団体。日本のみならずアメリカ等の先進事例も含め、精力的に取材活動を行っている。

証券営業プロフェッショナル
——会社のためのセールスから、お客様のためのサービスへ

2016年2月25日　第1刷発行

著　者——金融証券問題研究会
発行所——ダイヤモンド社
〒150-8409　東京都渋谷区神宮前6-12-17
http://www.diamond.co.jp/
電話／03･5778･7232（編集）　03･5778･7240（販売）
装丁————井上新八
DTP————桜井淳
本文デザイン—布施育哉
製作進行——ダイヤモンド・グラフィック社
印刷————加藤文明社
製本————本間製本
編集担当——真田友美

ISBN 978-4-478-06798-7

◆ダイヤモンド社の本◆

世界的ベストセラー
サービス哲学の原点がここに！

顧客の間で伝説として語り継がれるサービスは情熱的なリーダーシップからしか生まれない。「顧客のために次は何ができるか？」この問いが至高のサービスをつくる。お客様がまた足を運んでくれる現場のつくり方。

サービスが伝説になる時　新装版

ベッツィ・サンダース［著］和田正春［訳］

●四六判並製●定価（本体 1600 円＋税）

http://www.diamond.co.jp/